Pl0l0

Postres clásicos y modernos

Blanca Cotta
Cocina

Blanca Cotta

Postres clásicos y modernos

Blanca Cotta
Cocina

PLANETA

Foto de tapa:
Niditos de merengue

Diseño de cubierta:
María Inés Linares

Fotos de tapa e interiores:
Silvio Zuccheri (Agencia ILA)

Diseño de interior:
Adriana Martínez

Producción:
Finita Ruiz Luque

Agradecemos a Auguri, Básicos Bazar, Crystal Gallery,
Drugstore Bazar, Ken, La Ferme, L'Interdit, Morph.

¡HOLA, AMIGA!

Esta vez les toca el turno a los "postres". Generalmente cuando planeamos un menú lo iniciamos con una entrada liviana, un plato central importante... ¡y un buen postre! Por supuesto que éste tendrá que armonizar con el resto del menú. Si usted, por ejemplo, ha elegido como plato central un plato agridulce con salsa de ananás... lógicamente tendrá que saltear en este libro el capítulo de postres con frutas. En cambio, después de una entrada importante y un plato central suculento... córrase hasta el capítulo de "copas heladas", elija un "Sherbet de limón al champán" y... ¿escucha los aplausos? Ya se habrá dado cuenta... Le estoy hablando como lo que soy:

una "gorda mental" insaciable. Porque para mí, por más excelente que sea el menú que me ofrezcan, si no hay postre... ¡sentiré íntimamente una profunda desilusión! Tal vez tenga razón Marcel Proust: "La persistencia de una costumbre está ordinariamente en relación directa con lo absurdo de ellas". ¿Usted cree...? Este nuevo "hijo de papel" apunta, como siempre, a ayudarle desde la cocina a fijar dulces recuerdos. Y es con esa intención que he tratado de seleccionar distintas soluciones para que usted elija la que más le convenga de acuerdo con el tiempo de que disponga, con su gusto personal o con las exigencias del menú que haya planeado. *Nada se sabe bien si no por medio de la experiencia* (Bacon).
¡Suerte!

Blanca Cotta

MEDIDAS Y EQUIVALENCIAS

Usted y yo sabemos que la cocina no es una "ciencia exacta" (¡por suerte!...) Pero si algún perfeccionista le hubiera regalado una balanza y usted se empeñara en usarla, le ofrezco una guía de equivalencias para que pueda interpretar mejor "mis medidas" informales, por cucharadas, cucharaditas (al ras, gordas o panzonas) y por tazas (de la época de mi abuela) o pocillos de café (de los de antes).

AZÚCAR	1 cucharada al ras	14 gramos
	1 cucharada gorda	21 gramos
	1 cucharada panzona	30 gramos
	1 pocillo tamaño café	63 gramos
	1 taza	250 gramos
HARINA	1 cucharada al ras	11 gramos
	1 cucharada gorda	18,5 gramos
	1 cucharada panzona	30 gramos
	1 pocillo tamaño café	63 gramos
	1 taza	160 gramos
FÉCULA DE MAÍZ	1 cucharada al ras	8 gramos
	1 cucharada gorda	14 gramos
	1 cucharada panzona	29 gramos
	1 pocillo tamaño café	60 gramos
	1 taza	150 gramos
AGUA	1 cucharada	12,5 gramos
	1 taza	250 gramos (1/4 litro)
ACEITE	1 cucharada	12,5 gramos
	1 taza	250 gramos (1/4 litro)
MIEL	1 taza	320 gramos

SECRETITOS
Y "AYUDA-MEMORIA"

Muchas veces las cocineras decimos: "adornar el postre con gajitos de naranja peladas a vivo" o "forre un molde profundo con vainillas prolijamente recortadas" o "alargue la altura del molde con una banda de papel aluminio sujeta con piolín"... Y seguramente usted desistirá de adornar el postre o hacer la charlotte o el soufflé de frutillas, pues ¡no entenderá nuestro lenguaje! Dice Shakespeare: *La ignorancia es la maldición de Dios; el conocimiento es el ala con la cual volamos al cielo...* Bueno, bah... ni tanto ni tan poco... Este capítulo pretende ser, simplemente, una ayudita para mostrarle cómo me las ingenio yo cuando las recetas hablan con un lenguaje extraño.

Cómo alargar la altura de un molde

- Envuelva exteriormente el molde con una faja de papel de aluminio que sobresalga la altura del recipiente hasta la medida que usted crea conveniente. Sujete con un piolín y selle bien el borde libre, presionándolo.
- Vierta en él la mousse o la preparación indicada, ya sin riesgo de que desborde.
- Estacione el molde en la heladera o en el freezer, según indique la receta.
- Recién cuando la preparación esté bien firme, desate la atadura y despegue cuidadosamente el papel. ¡Aplausos! Sus invitados no podrán creer lo que ven...

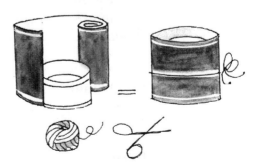

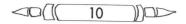
Cómo pelar una naranja "a vivo"

No sé quién habrá inventado la frase "a vivo". Si me permite se la traduzco: consiste en cortar los gajos de la naranja (o pomelo o limón, u otro cítrico) de modo que los mismos salgan enteritos y libres de hollejo. Proceda así:

- Córtele a la naranja los dos polos y deséchelos.
- Apoye la naranja sobre la mesa y con un cuchillito filoso rebánele la cáscara como muestra el dibujo, quitándole la piel naranja junto con la piel blanca, para que los gajos queden libres.
- Ahora separe los gajos así: sostenga con una mano la naranja y con la otra deslice la hoja de un cuchillo a lo largo de un hollejo a fin de separar el gajito adherido a él; luego deslícela en sentido contrario para despegarlo del otro lado… ¡y lograr así pelar un gajo "a vivo"!
- Con la misma técnica desprenda todos los gajos.
- ¿Que si se desperdicia un poco de pulpa? Yo creo que vale la pena, antes que estar media hora masticando los hollejos de la ensalada de frutas o de la guarnición…

Cómo forrar con vainillas un molde para charlotte
(y quien dice charlotte puede decir "cualquier otro postre"…)

- Puede utilizar las clásicas vainillas o recortes de pionono.
- Forre el molde elegido (sin enmantecar ni enharinar) con papel impermeable (o cualquier papel blanco, ¡bah!): un disco para el fondo y una tira para los costados.
- Recorte las vainillas en forma de óvalos puntiagudos, como muestra el dibujito (o de triángulos redondeados…).
- Forre con ellos el fondo del molde ensamblándolos uno al lado de otro. No importa que queden algunos espacios libres en el borde.

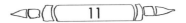

- Coloque las vainillas de modo que la parte azucarada "pegue contra el papel".
- Recorte el resto de vainillas a la medida de la altura del molde y forre los costados colocándolas unas al ladito de las otras y siempre con la parte azucarada contra el papel.
- Vierta cuidadosamente en el molde la preparación que indique la receta y… ¡listo!

NOTA

La misma técnica puede realizarla con recortes de pionono. En ese caso, ponga las piezas así: unas "al derecho" y otras "al revés", para que la decoración quede vistosamente "a dos tonos" (recuerde que los piononos tienen una superficie marroncita y otra amarillita…).

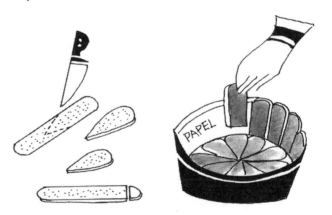

Canastitas de caramelo

Resultan muy vistosas para presentar helados en lugar de servirlos en copas. La técnica es muy simple… ¡siempre que no se queme los deditos con el caramelo!

- Unte con aceite (que no sea de oliva) la parte convexa de un cucharón de metal (del tamaño apropiado a las canastitas que desee hacer).
- Prepare un caramelo como tantas veces le indicamos: fundiendo el azúcar directamente en una sartén o ha-

ciendo hervir almíbar hasta que tome punto de caramelo (véase *Técnicas y recetas básicas,* pág. 178).
- Sostenga con una mano el cucharón "boca abajo", levante un poco de caramelo con una cuchara y hágalo caer en forma de hilito sobre el cucharón, trazando (o intentando trazar) un enrejado lo más perfecto posible. Por supuesto que logrará el enrejado, aunque no la perfección… Pero no se aflija; recuerde lo que decía Goethe: *El que con perspicacia reconoce la limitación de sus facultades, está muy cerca de llegar a la perfección.* ¡Otra vez será…!
- Una vez frío el caramelo, desprenda cuidadosamente la "canastita" y rellénela a gusto.

Lengüitas de gato

- Prepare la fórmula de las "tulipas" que le enseñamos en la pág. 75.
- Ponga la pasta en una manga con boquilla lisa de medio centímetro de diámetro.
- Trace bastoncitos espaciados entre sí sobre placas enmantecadas.
- Cocínelos en horno bien caliente hasta que se desmayen y los bordes empiecen a dorarse (la panza siempre les quedará blanca).
- Levántelos y apóyelos sobre una superficie plana. Al enfriarse, se volverán crujientes. ¡Siga haciendo más lengüitas!

Tejas

- Use la misma receta de las "tulipas".
- Distribuya la pasta de a cucharaditas bien espaciadas entre sí sobre una placa enmantecada (no haga más de cuatro por vez).
- Extiéndalas con una cuchara para lograr círculos u óvalos bien finitos. Más aún: ¡transparentes!
- Cocínelos como las lengüitas de gato.

• Al retirarlos de la placa con espátula, póngalos "a caballo" de un palote chiquito o del mango de una cuchara de madera, bien enmantecados, a fin de que se arqueen como tejas. Cuando se enfríen, retírelos cuidadosamente pues, como las especialidades anteriores, son muy frágiles.

Tejas de almendras

Una vez dispuesta la pasta en las placas, salpíquela con almendras peladas, sin la piel marrón y cortadas en finísimas escamas o fileteadas.

Técnica para armar el postre helado que se le antoje

1 Forre en forma prolija un molde no muy ancho pero sí profundo, con papel plío film (adherente).

2 Unte la superficie del papel con una capa de crema chantillí hecha con 100 gramos de crema de leche.

3 Adhiera praliné de almendras a la crema chantillí puesta en el molde.

4 Ponga el molde a helar hasta que la crema chantillí se endurezca.

5 Retire el molde y fórrelo con el helado que prefiera (crema de vainilla, por ejemplo) con un espesor parejo, dejando un hueco central.

6 Vuelva a congelar hasta que el helado esté firme.

7 Rellene el hueco con el helado que prefiera (de frutillas, por ejemplo…).

8 Tape el helado de frutillas con uno de otra clase (de chocolate, ¿le gusta?).

9 Presione bien la superficie con el "revés" de una cuchara.

10 Deje en el freezer, a frío máximo, hasta el día siguiente.

11 Desmolde el postre helado tirando del papel para ayudarse mejor.

12 Despegue cuidadosamente el papel.

13 Mantenga en el freezer hasta el momento de servir.

NOTA
Según su habilidad —y el tamaño del molde—, el postre puede hacerlo con una, dos, tres o más capas de helado, combinando sabores y colores.

Salsa de chocolate caliente

1 Ponga en una cacerolita 4 barras de chocolate, 1 taza de leche, 1/3 de taza de azúcar y 50 gramos de manteca.

2 Hierva hasta obtener una salsa espesita (como salsa blanca mediana).

Salsa inglesa espumosa
(caliente)

1 Ponga en una cacerolita 1 y 1/3 de taza de leche, 3 yemas batidas y un trocito de chaucha de vainilla (o perfume después con esencia) y 1/2 taza de azúcar.

2 Bata con batidor continuamente sobre el fuego hasta que espese (sin hervir).

3 Vierta (caliente), de a poco, sobre 2 claras batidas a punto de nieve.

Salsa de damascos

1 Ponga en una cacerolita una taza de mermelada de damascos, el jugo de medio limón, 1/2 taza de agua y 25 gramos de manteca.

2 Hierva hasta que todo se mezcle, caliente bien y tome el aspecto de una salsa espesita.

3 Tamice y agréguele una copita de Apricot. Sirva enseguida. (Si resulta muy líquida, espese con un poquito de fécula de maíz.)

Coulis de chocolate

- Derrita a bañomaría 150 gramos de chocolate cobertura sobre fuego suave.
- Retire y mézclele 2 cucharadas de crema y una cucharada de coñac.

Coulis de menta

- Bata crema de leche hasta que esté apenas espesa y tíñala con licor de menta verde. Si se ablanda demasiado, bátala un poco más. Pruebe y, si hace falta, azucare a gusto.

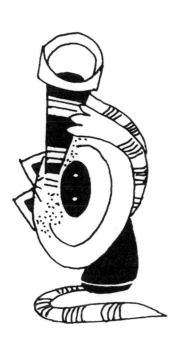

Coulis de naranja

- Mezcle en una cacerolita con un batidor de alambre: 1 taza de jugo de naranja colado, 3 cucharadas de azúcar y 1 cucharadita colmada de fécula de maíz.
- Revuelva continuamente sobre el fuego hasta que hierva y espese.
- Vierta en un bol y siga revolviendo de vez en cuando hasta que se enfríe. (Si resulta muy líquida, vuelva a agregarle un poquito de fécula de maíz disuelta en apenas de agua y haga hervir nuevamente.)

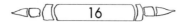

Coulis de vainilla

- Mezcle con batidor, en una cacerolita: 2 yemas, 2 cucharadas de azúcar, 1 cucharadita de fécula de maíz y 1 taza de leche.
- Revuelva continuamente sobre el fuego hasta que hierva y espese.
- Cuele y enfríe revolviendo de vez en cuando.
- Perfume con esencia de vainilla. (Si la quiere más liviana, agréguele un poco de crema de leche.)

Coulis de frutillas o frambuesas

- Licue una taza de frutillas o frambuesas con 3 cucharadas de azúcar, un poquito de jugo de limón, 1/4 de taza de agua y 2 cucharaditas colmadas de fécula de maíz.
- Tamice todo y haga hervir revolviendo hasta que espese.
- Enfríe revolviendo de vez en cuando.

*F*LANES Y BUDINES

*F*lan de naranjas

*I*NGREDIENTES

- ❏ Jugo de naranjas, 1 y 1/2 taza
- ❏ Azúcar, 2/3 de taza
- ❏ Huevos batidos, 10
- ❏ Ralladura de naranja, 1 cdita.

*P*REPARACIÓN

1 Ponga en una cacerolita el jugo de naranjas y el azúcar.

2 Hierva hasta que el azúcar se disuelva.

3 Retire y vierta de a poquito sobre los huevos batidos, mientras revuelve rápidamente con un batidor.

4 Cuele en una budinera acaramelada.

5 Perfume con la ralladura de naranja.

6 Cocine a bañomaría, como cualquier flan, hasta que esté firme.

7 Retire del baño y deje enfriar muy bien antes de desmoldar.

*F*lan de leche

INGREDIENTES

- Huevos, 6
- Azúcar, 200 g
  (o menos, a gusto)
- Leche, 3/4 de l
- Esencia de
  vainilla, 1 cdita.

PREPARACIÓN

1 Bata los huevos con el azúcar hasta que la clara no se note.

2 Mézclele la leche fría y la esencia.

3 Cuele en una budinera acaramelada de tamaño apropiado.

4 Coloque a bañomaría y cocine en el horno tratando de que el agua del bañomaría no hierva. Si hierve, la preparación se corta, el flan sale lleno de ojos y resulta seco (¡aunque a más de uno le encanta el flan con esa textura!). Para evitar que el agua del bañomaría hierva, durante la cocción agréguele de vez en cuando chorritos de agua fría.

5 Una vez que el flan esté firme y la superficie doradita, retírelo del horno y déjelo enfriar en el molde. (Si lo desmolda en caliente, se le hará añicos…)

6 Desmóldelo frío directamente sobre la fuente donde lo va a servir.

7 Si quiere obtener más almíbar, agregue en la budinera media taza de agua y, sobre el fuego, desprenda con un tenedor el caramelo adherido revolviendo hasta que se derrita. Retire del fuego y cuele. Sírvalo en salsera aparte y ofrézcalo con cada porción.

Flan sin yemas

- Claras, 9
- Azúcar, 9 cdas.
- Esencia
de vainilla, 1 cda.
bien sopera
- Colorante vegetal
amarillo, un poquito
(para que no se den
cuenta de la
ausencia de las
yemas…)
- Leche fría,
descremada, 3/4 de l
- Budinera
acaramelada, N° 22

No es una imitación… ¡sino un flan de verdad! Ideal para dietas de bajo colesterol.

PREPARACIÓN

1 Licue todos los ingredientes hasta "que no se note la clara".

2 Cuele en la budinera acaramelada y cocine como el flan clásico.

3 Controle la cocción pues como este flan lleva muchas claras, se cocina más rápido.

Flan de dulce de leche

- Dulce de leche,
1/2 kg
- Leche, 3/4 de l
- Huevos batidos, 6

PREPARACIÓN

1 Ponga en una cacerolita el dulce de leche y la leche.

2 Revuelva continuamente sobre el fuego hasta que el dulce de leche se disuelva.

3 Mézclelo con los huevos bien batidos.

4 Cuele en una budinera acaramelada.

5 Cocine a bañomaría en el horno hasta que esté firme. (Cuide que el agua del bañomaría no hierva.)

6 Retire del horno y deje enfriar muy bien antes de desmoldar.

*F*lan de manzanas

☐☐☐☐☐☐☐☐
Ingredientes

☐ Azúcar negro, cantidad suficiente para tapizar el fondo de una budinera, o bien caramelo líquido (o azúcar común… ¡bah!)
☐ Manzanas barrigonas, 4
☐ Azúcar, 3/4 de taza
☐ Agua, 4 cdas.
☐ Ralladura de 1 limón (parte amarillita solamente)
☐ Huevos batidos, 4
☐ Leche, 1/4 de l
☐ Crema de leche batida, para decorar

Preparación

1 Acaramele una budinera. (O, si quiere apoyar a la industria, úntela con caramelo líquido. O, en último caso, si quiere demostrar que no es racista, enmanteque la budinera y tapícela con un zócalo así de gordo de azúcar negro, bien prensado. De cualquier modo, el resultado será el mismo.)

2 Pele las manzanas barrigonas, quíteles las semillas, córtelas en cubos y póngalas en una cacerola junto con

el azúcar, el agua y la ralladura de limón. Hiérvalas hasta que estén blandas pero no deshechas.

3 Bata los huevos y agrégueles la leche, mezclando bien.

4 Vuelque las manzanas dentro la budinera y ahóguelas con los huevos batidos.

5 El resto, como siempre… ¡a cocinar en el horno, al bañomaría, hasta que esté firme! Y recién cuando esté frío, desmolde. ¿Qué tal si acompañamos cada porción con un copete de crema de leche batida espesa con apenitas de azúcar? ¡No ponga esa cara de gordo a régimen…! *Una manía es el placer vuelto al estado de idea* (Balzac).

Postre del cincuentón

Durante mucho tiempo nuestro querido amigo Saúl Greco cumplió cincuenta años, y como éramos muchos los amigos que nos acercábamos a festejar el "milagro", Mariana —su esposa— siempre se las ingeniaba para inventar postres que alcanzaran para una muchedumbre. Este pertenece a su colección.

INGREDIENTES

- Flan doble comprado, 1 caja (de buena familia…)
- Asadera acaramelada, 1 (tamaño horno normal…)
- Dulce de leche de repostería, 1 kg
- Vainillas, cantidad necesaria
- Almíbar al coñac o al whisky, de 1 y 1/2 a 2 tazas
- Leche, cantidad necesaria
- Crema chantillí, 400 g
- Nueces trituradas con el palote, 300 g

PREPARACIÓN

1 Prepare el flan de acuerdo con las indicaciones y la cantidad de leche que indique el envase.

2 Cubra la asadera acaramelada con una capa generosa de dulce de leche de repostería, extendido en forma pareja.

3 Moje la vainillas en el almíbar al coñac y así, "borrachitas", cubra con ellas prolijamente el dulce de leche.

4 Cuando el batido del flan esté frío, extiéndalo sobre las vainillas con una espátula, cubriéndolas en forma pareja. Ponga la asadera en la heladera hasta que el flan esté firme.

5 Coloque la crema chantillí en una manga con boquilla mediana de picos y haga sobre el flan endurecido un enrejado.

6 Espolvoree toda la superficie con las nueces trituradas.

7 Sirva el postre bien frío, cortado en cuadrados.

Budín de pan "con coronita"

INGREDIENTES

- ❏ Pasas rubias (sultanas), 1 taza
- ❏ Oporto (o whisky o coñac), 1/2 taza
- ❏ Harina, 2 cdas.
- ❏ Pan lácteo chico, 1 paquete
- ❏ Azúcar, 250 g
- ❏ Leche caliente, 1 l
- ❏ Esencia de vainilla, 1 cdita.
- ❏ Ralladura de limón, 1 cdita.
- ❏ Yemas, 4
- ❏ Huevos enteros, 4
- ❏ Claras batidas a nieve, 4

PREPARACIÓN

1 Ponga a remojar las pasas en el Oporto durante 10 minutos.

2 Colóquelas en una fuente y espolvoréelas con la harina. Reserve el Oporto del remojo.

3 Coloque en un bol las tajadas de pan lácteo, previamente descortezadas y cortadas en cubos.

4 Agregue el azúcar en el bol y vierta sobre él la leche caliente.

5 Deshaga el pan con un tenedor y mezcle todo batiendo con batidor.

6 Agregue en el bol las pasas enharinadas, el Oporto del remojo, la esencia de vainilla y la ralladura de limón.

7 Bata las yemas con los huevos enteros y ligue con esto el "pasticcio" anterior.

8 Unale suavemente las claras batidas a nieve.

9 Vierta en una budinera o molde savarín bien acaramelado y cocínelo al bañomaría en horno moderado hasta que esté firme.

10 Retírelo del horno, déjelo enfriar y recién entonces desmóldelo: ¡resultará un budín de pan delicioso, con una coronita de pasas de uva acarameladas!

Budín de pan... dulce

Generalmente, después de las fiestas de fin de año, no sabemos qué hacer con todos los restos de pan dulce que quedaron sobre la mesa. Esta puede ser una solución...

INGREDIENTES

(Para un budín chico)

❑ Restos de pan dulce hecho migas, 2 tazas
❑ Leche caliente, 2 tazas
❑ Huevos, 4
❑ Azúcar, 6 cdas.
❑ Ralladura de 1 limón
❑ Budinera acaramelada de 20 cm de diámetro

PREPARACIÓN

1 Ponga las migas de pan dulce en un bol y cúbralas con la leche caliente.

2 Bata los huevos con el azúcar y la ralladura de limón.

3 Deshaga con un tenedor el pan dulce remojado y únale el batido de huevos.

4 Vierta en la budinera acaramelada y cocine al bañomaría en horno moderado hasta que esté firme.

5 Deje enfriar en la budinera. Recién entonces desmóldelo directamente sobre la fuente donde lo piensa servir.

6 Acompáñelo a gusto con chantillí, sabayón... ¡o nada!

NOTA

Este mismo budín puede hacerlo reemplazando las migas de pan dulce por igual cantidad de pan lácteo, azúcar a gusto y las frutas secas y abrillantadas que desee.

*B*udín antojo

Un día cualquiera entré en un comercio de Bernal y una joven señora
embarazada me imploró (sin ponerse de rodillas pues su estado no se lo
permitía) que publicara nuevamente una torta que arriba parecía cubierta
con el relleno que lleva el "lemon pie".
Incapaz de desilusionar a la señora diciéndole que mi único archivo es mi
memoria, volví a casa dispuesta a revolver papeles tratando de encontrar
alguna fórmula parecida. ¡Eureka! Siempre tengo un ángel generoso
dispuesto a ayudarme. ¡Y la encontré! Y es un budín riquísimo. Lo que no
pude entender hasta ahora es por qué lleva tanto tiempo de cocción… Le daré
la receta para una budinera chica (16 cm de diámetro). Y, si le gusta,
¡multiplique los ingredientes a su antojo! Pero recuerde… *Todo aquello que se
exagera, por lo mismo se empequeñece* (J. F. de Laharpe). ¡Glup!

INGREDIENTES

- Yemas, 2
- Azúcar, 1 taza
- Jugo de limón, colado, 1/4 de taza
- Ralladura de 1 limón
- Leche, 3/4 de taza
- Harina, 1/4 de taza
- Claras batidas a nieve, 2
- Crema chantillí, a gusto, para decorar (optativo)

PREPARACIÓN

1 Bata las yemas con el azúcar, el jugo y la ralladura de limón hasta que estén bien espumosas. (Dígale a su marido que está "antojada" de una batidora, así se cansa menos…)

2 Deje de batir y mézclele al "pasticcio" la leche.

3 Ahora empuñe el batidor de alambre (mi aliado antigrumos) y mézclele la cantidad de harina indicada.

4 Agregue las claras a la preparación anterior y, con el batidor de alambre, mézclelas suavemente. Debe resultar una crema espumosa.

5 Vierta la espuma en una budinera enmantecada como si le regalaran la manteca (pero sin enharinar).

6 Coloque agua hirviendo en un recipiente profundo que pueda ir al horno, apoye en él la budinera y cocine el budín al bañomaría, en horno moderado, aproximadamente una hora y media.

7 Si nota que la superficie se dora enseguida, cúbrala con un trozo de papel manteca.

8 Cerciórese con una brochette de que el budín o torta esté cocido.

9 Retírelo, despéguele los costados con un cuchillito, déjelo entibiar e inviértalo directamente sobre la fuente donde lo piensa servir. No retire el molde hasta que esté bien frío. Recién entonces… ¡suspenso!

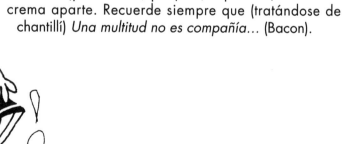

NOTA

Puede ocurrir que al retirar el molde el budín caiga perfecto: abajo se habrá precipitado un zócalo de bizcochuelo y arriba, una deliciosa crema de limón. Pero a veces ocurre que parte de esa crema queda adherida al molde. ¡En la cocina todo tiene arreglo! Despéguela del molde, distribúyala en forma pareja sobre el budín y alísela con la espátula para obtener un revoque perfecto. Decore el budín a gusto con la crema chantillí y algo "verde" para hacerlo más atractivo (¡no! El loro, ¡no!). O, si prefiere, ofrezca la crema aparte. Recuerde siempre que (tratándose de chantillí) *Una multitud no es compañía…* (Bacon).

Budín de chocolate

- Yemas, 4
- Dulce de leche, 1/4 kg
- Cacao, 2 cdas.
- Azúcar, 2 cdas. (o no)
- Leche, 1 pote (mídalo con el envase vacío del dulce de leche)
- Claras batidas a nieve, 4

PREPARACIÓN

1 Antes que nada, haga lo que menos me gusta a mí: ¡acaramelar una budinera tamaño estándar!

2 Luego, bata las yemas con el dulce de leche, agréguele el cacao, el azúcar (o no) y la leche.

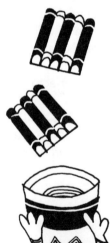

3 Revuelva sobre el fuego para que el cacao se disuelva bien. Cuele y vierta (así, caliente nomás) sobre las claras batidas a nieve mientras mezcla con movimientos envolventes.

4 Coloque la preparación en el molde acaramelado y cocine al bañomaría (sin que el agua hierva), el tiempo necesario para que quede firme como un gobierno institucional.

5 Finalmente, retire, deje enfriar muy bien y recién entonces desmolde.
En materia de budines o flanes, la frialdad es sinónimo de serenidad en la vida. Si actúa en caliente… ¡adiós objetivos!

Budín a la reina

INGREDIENTES

- ❏ Huevos, 4
- ❏ Azúcar, 6 cdas.
- ❏ Leche, 2 tazas
- ❏ Pasas de uva, sin semillas, 100 g
- ❏ Bizcochos vainillas, 6 (o su equivalente de bizcochuelo olvidado)
- ❏ Damascos frescos, pelados y en trocitos, 1/2 taza
- ❏ Duraznos maduros igualmente cortados, 1/2 taza
- ❏ Manzana picadita, 1 taza

PREPARACIÓN

1 Bata ligeramente los huevos con el azúcar y agréguele todo esto: la leche, las pasas de uva, los bizcochuelos (o los trozos de bizcochuelo), los damascos frescos, los duraznos y la manzana picadita.

2 Vuelque todo en un molde acaramelado y cocine en el horno a bañomaría, como cualquier flan, hasta que esté firme.

3 Una vez a punto, retire, enfríe y desmolde. Si algunas pasas rebeldes se aferran al fondo y no quieren abandonar el molde, pase éste rápidamente por la llama de los quemadores, aflójelo con un cuchillo… ¡y listo! Resultado: ¡Una delicia de frescura! Y hecho con casi nada… *El éxito es un pedestal que hace ver a los hombres (¡a los postres!) mayores de lo que son*. ¡Requeteglup!

*T*arantela

*I*NGREDIENTES

❏ Pan lácteo finito,
descortezado,
1 (chico)
❏ Manzanas
deliciosas, peladas,
sin semillas
y cortadas en
rodajas
transparentes,
2 grandes (o 3…)
❏ Manteca blanda,
cantidad necesaria
❏ Leche, 1 l
❏ Ralladura
de 1 limón
❏ Esencia de
vainilla, 1 cdita.
❏ Huevos, 7
❏ Molde "savarín"
(en forma de
anillo)
acaramelado,
de 24 cm
❏ Ron, una medida
(optativo)

*P*REPARACIÓN

1 Enmanteque las
tajadas de pan de un solo
lado.

2 Prepare el batido de
flan licuando o
procesando el azúcar,
la leche, la ralladura (o
esencia) y los huevos.
Cuele y reserve.

3 Rellene el molde
acaramelado de la
siguiente forma: una
capa de tajaditas de pan,
con la manteca hacia
arriba; una capa de
rodajas de manzana; otra
de pan enmantecado,
otra de tajadas de
manzana, etc. hasta
terminar con una capa de
tajadas de pan puestas
con la parte
enmantecada hacia
abajo.

4 Vierta sobre el budín
el batido
de flan.
Levante con un
tenedor los costados
del budín para que el

batido de flan escurra
bien hacia todas las
capas de pan.

5 Cocine la
"tarantela" al
bañomaría en el
horno, a fuego
moderado. Y no se
espante si el pan o las
manzanas comienzan
a flotar. Debe
cocinarse por lo menos
durante 1 y 1/2 hora; o
hasta que se note
firme como un flan.

6 Al retirarlo del horno,
rocíe la superficie con
ron (optativo).

7 Déjelo enfriar muy
bien antes de
desmoldarlo. ¿Imagina
cómo queda? ¡El flan
arriba y la manzana,
abajo!

CREMAS

Isla flotante "Pepita"

En casa de mi abuela Mamaía todos eran golosos. La encargada de mimar a mi tío Armando era mi tía Pepita (hermana de Mamá), quien, aunque no le gustaba cocinar, hacía maravillas. ¡Y otra vez el recuerdo de la "isla flotante", pero ahora preparada de un modo diferente! Y esta vez, el pretexto para nombrar a esa tía que quise tanto y que tanto se parecía a este postre: imponente por fuera… ¡y dulcísima por dentro!

INGREDIENTES

- Leche, 4 y 1/2 tazas
- Azúcar, 12 cdas.
- Esencia de vainilla, a gusto
- Claras, 3
- Fécula de maíz, 1 cda. gorda
- Yemas, 3
- Huevos enteros, 2
- Azúcar extra, 4 cdas.

PREPARACIÓN

1 Ponga en una cacerola una taza y media de leche, 3 cucharadas de azúcar y un chorro de esencia de vainilla. Caliente.

2 Bata las 3 claras a punto de nieve.

3 Incorpóreles, de a poco, 3 cucharadas de azúcar. Siga batiendo hasta que se formen picos.

4 Eche el merengue de a cucharadas en la leche caliente, deje unos segundos para que se hinchen un poco los copos; délos vuelta con la ayuda de dos cucharas, déjelos cocinar unos segundos y escúrralos sobre un lienzo. Si los cocina demasiado pueden agrietarse y romperse.

5 Una vez cocidos los copos, cuele la leche y agréguele las tres tazas y media de leche restantes, más el resto de azúcar: 6 cucharadas. Deje enfriar.

6 Una a la leche fría la fécula de maíz, las 3 yemas y los 2 huevos, previamente batidos. Mezcle con batidor de alambre.

7 Revuelva sobre el fuego continuamente hasta que la crema hierva y espese.

8 Retire y siga revolviendo hasta que se enfríe.

9 Vierta en una fuente o en cremeras individuales.

10 Ponga a flotar los copos de merengue sobre la crema.

11 Derrita las 4 cucharadas extras de azúcar en una sartén, revolviéndolas constantemente sobre fuego fuerte.

12 Cuando el azúcar esté bien fundido a punto de caramelo, tome un tenedor y cubra con él los copos de merengue haciendo hebras de caramelo. Sirva el postre bien frío.

Pots aux Crême

INGREDIENTES

- ❑ Yemas batidas, 4
- ❑ Azúcar, 4 cdas. (no muy llenas)
- ❑ Barras de chocolate, cortadas en trocitos, 6
- ❑ Crema de leche, 1 y 1/2 taza

PREPARACIÓN

1 Bata las yemas con las cucharadas de azúcar.

2 Ponga en una cacerola las barras de chocolate cortadas en trocitos y la crema de leche.

3 Revuelva bien sobre el fuego hasta que el chocolate se derrita y la preparación rompa el hervor.

4 Vierta de a poco el chocolate derretido sobre las yemas, mientras bate rápidamente.

5 Distribuya en cremeritas.

6 Ponga en el freezer hasta que estén firmes. (Enseguida se solidifican y quedan cremosas.) Sirva sin desmoldar.

Isla flotante "In"

En la cocina también existe la moda. Una moda que, al igual que la de los "trapos", va y vuelve en el tiempo. Cuando escribo este libro, ha hecho furor la "isla flotante", que se corta en tajadas como una torta y que parece un témpano a la deriva sobre un mar de crema. Nada del otro mundo: ¡un merengue cocido al bañomaría en el horno, en molde único! Pero cada fórmula tiene sus secretos. Esta me la confió mi querida amiga Ketty Pirolo: agregarle a las claras un poco de "goma tragacanto".

INGREDIENTES

Isla
❑ Claras a punto de nieve, 3
❑ Azúcar, 6 cdas.
❑ Goma tragacanto, remojada en un poquito de agua fría y disuelta en otro poquito de agua caliente, 1/2 cdita.

Crema
❑ Yemas, 3
❑ Azúcar, 3 cdas.
❑ Fécula de maíz, 1 cda.
❑ Leche, 2 tazas
❑ Esencia de vainilla, 1 cdita.

PREPARACIÓN

Isla

1 Acaramele una budinera de 16 cm de diámetro, aproximadamente.

2 Cuando el caramelo esté frío, enmantéquelo generosamente.

3 Agregue a las claras batidas a nieve las 6 cucharadas de azúcar, de a poco, mientras continúa batiendo hasta incorporarlo todo y logra un merengue que "haga picos duros"…

4 Remoje la goma tragacanto en un poquito de agua fría, disuélvala en otro poquito de agua caliente e incorpóresela al merengue hecho.

5 Vierta el merengue en la budinera.

6 Cocine al bañomaría, en horno suave, hasta que la "isla" crezca y esté firme. (Compruébelo clavándole una brochette: debe salir sin adherencias.)

7 Retire la budinera del horno e inviértala sobre una fuente profunda.

8 Deje el budín así invertido, sin desmoldar, hasta que se enfríe. Recién entonces, retire el molde.

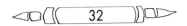

Crema y terminación

1 Ponga en una cacerolita las yemas, el azúcar, la fécula de maíz y la leche fría. Mezcle bien hasta que la fécula se disuelva.

2 Revuelva continuamente sobre el fuego hasta que la crema hierva y espese.

3 Retire, cuele y perfume con la esencia. Enfríe.

4 Vierta esta crema por el costadito de la fuente hasta que el budín de merengue comience a flotar… ¡como un témpano!

5 Estacione en la heladera hasta el momento de servir.

Variante tucumana

Mi querida amiga Marta Fonio de Caro hace esta versión igualmente deliciosa: para el merengue usa 8 claras y 8 cucharadas de azúcar, y en lugar de untar el molde acaramelado con manteca… ¡lo unta con 1/2 kilo de dulce de leche bien espeso! Lo llama: "flan blanco". ¿La ventaja? No hace falta ponerlo a flotar en crema… ¡Con el dulce de leche, basta!

Ambrosía

¿Que a qué se parece esta receta? Yo diría que está a mitad de camino entre la "yema quemada" y el "dulce de huevo"…

INGREDIENTES

- ❏ Yemas, 8
- ❏ Huevos enteros, 4 (sin cáscaras, por supu…)
- ❏ Almíbar, hecho con 1 kg de azúcar y agua
- ❏ Leche, 1 l
- ❏ Chaucha de vainilla, 1

PREPARACIÓN

1 Bata muy bien las yemas con los huevos enteros y agrégueles de a poquito, mientras sigue batiendo, el almíbar a punto de hilo fuerte. (¿Que no tiene a mano la receta del almíbar y que no sabe el "punto del hilo fuerte"? Vaya corriendo a buscar *Técnicas y recetas básicas*, pág. 180.)

2 Agregue la leche (y la chaucha de vainilla, si quiere) y ponga el recipiente en el horno (sin bañomaría) de una hora y media a dos horas, hasta que la leche desaparezca y quede una especie de revuelto de huevos en almíbar, delicioso.

3 Mientras se cocina, mézclelo de vez en cuando con cuchara de madera. ¡O no! Igualmente sale espléndido. ¿Que si no me da vergüenza aprender recién ahora esta receta? Déjeme que ponga cara de árabe: *El higo verde madura cuando se pone en contacto con el higo maduro.* (¡Gracias por acercarme la receta, mi querida amiga Elsa Zuñé!)

Crema quemada

INGREDIENTES

- Azúcar, 200 g
- Yemas, 4
- Leche, 2 tazas
- Fécula de maíz, 1 cda. panzona
- Esencia de vainilla, 1 cdita.
- Crema de leche, 150 g
- Azúcar extra, para espolvorear
- Planchita de hierro, para quemar el azúcar (se vende en casas de repostería. A cambio de ella: un soplete...)

PREPARACIÓN

1 Ponga en una cacerolita el azúcar y las yemas. Bátalos hasta convertirlos en una crema.

2 Agrégueles la leche fría y la fécula de maíz. Mezcle con batidor de alambre.

3 Revuelva constantemente sobre el fuego hasta que hierva y espese.

4 Retire, vuelque en un bol y revuelva hasta que se enfríe, así no se le forma nata.

5 Mézclele la crema de leche batida espesa y perfume con la esencia.

6 Distribuya en cremeritas resistentes al calor y estacione en la heladera hasta que estén bien frías.

7 En el momento de servir, cubra la superficie con una capa respetable de azúcar y queme el azúcar presionándolo con una planchita de hierro calentada al rojo vivo (avise a los vecinos que está haciendo "creme brulée" para que no se alarmen y llamen a los bomberos...).

8 Sirva enseguida.

Isla flotante "In" (pág. 31).

Corona de frutillas (pág. 39).

Mousse de limón (pág. 48).

*P*arfait de café (pág. 55).

POSTRES CON FRUTAS

Peras al chocolate

❏ Peras firmes, 6
(no muy maduras)
❏ Azúcar, 6 cdas.
❏ Agua, 1 taza
❏ Cascarita
amarilla de limón,
1 trocito

**Crema de
chocolate**
❏ Chocolate, 250 g
❏ Leche, 2 cdas.
❏ Manteca, 125 g
❏ Azúcar
impalpable, 100 g
❏ Yemas, 3
❏ Crema de leche,
batida no muy
espesa, 1/2 taza
❏ Almendras
tostadas y
cortadas, 1/2 taza
❏ Avellanas,
molidas y
tostadas, 1/2 taza

PREPARACIÓN

1 Pele las peras, sin
quitarles el cabito; póngalas
paraditas en una cacerola,
rocíelas con el azúcar,
agregue el agua y la
cascarita de limón y
cocínelas, salseándolas de a
ratos con el almíbar (use
cuchara de madera), hasta
que estén brillantes y
tiernas.

2 Escúrralas sobre una
rejilla. Espese un poco
más el almíbar y báñelas
con él.

Crema de chocolate

1 Ralle el chocolate y
disuélvalo al bañomaría
suave con las cucharadas
de leche.

2 Bata la manteca con el
azúcar impalpable hasta

obtener una crema.
Agréguele las 3 yemas, de
a una por vez.

3 Cuando la crema esté
esponjosa, únale el
chocolate fundido y frío.
Vuelva a batir.

4 Ablande la mezcla con la
crema de leche e incorpore
las avellanas molidas.

5 Distribuya la crema
en 6 copas y póngalas en
la heladera hasta que
espese.

6 Apoye en cada una de las
copas una pera glaseada.

7 Salpique la crema con
las almendras tostadas y
mantenga en la heladera
hasta el momento de
servir.

NOTA
Si quiere una crema más liviana, suprima la crema de leche
y, en su lugar, agregue las claras batidas a nieve.

*P*eras esperanzadas

¿Que qué estoy diciendo? ¡Peras verdes, verdísimas, de un verde casi fluorescente! ¿Me sigue?

INGREDIENTES

(Aumente las cantidades de acuerdo con el número de comensales)

❏ Peras, 3
❏ Agua, 1/2 taza
❏ Azúcar, 4 cdas.
❏ Licor de menta, 1 taza (bien verde…) y algo más, si hiciera falta
❏ Frutillas enteras, para decorar
❏ Chocolate cobertura clarito, derretido al bañomaría, para acompañar

PREPARACIÓN

1 Pele cuidadosamente las peras, dejándoles el cabito. Colóquelas paraditas en una cacerola.

2 Vierta sobre ellas el agua, el azúcar, el licor y ponga a hervir. Pero ojo… ¿eh? En cuanto el licor se caliente… ¡incendio!

3 Apáguelo con una tapa, baje la llama y deje hervir despacito, agregando más licor si fuera necesario, hasta que las peras, por ósmosis (o por puro borrachitas… ¡bah!), absorban parte del licor y tomen un color verde tornasolado. Llegado este punto, apague el fuego y deje enfriar las peras en su salsa.

4 Cubra el fondo de cada plato con un espejo de almíbar verde, coloque en el centro una pera y adorne el plato con tres frutillas enteras. Ofrezca aparte el chocolate cobertura clarito derretido al bañomaría. Unica recomendación: las peras, bien frías, y el chocolate, tibio. ¿Verdad que parece un postre muy elaborado? Estas peras —como algunos hombres— *se valoran, no por lo que son, sino por lo que aparentan ser* (B. Litton). ¡Glup!

Manzanas rellenas

En la cocina hay recetas que merecen pasar a primer plano porque son fáciles, porque son rápidas o porque son ricas. Estas manzanas rellenas son tridimensionalmente tentadoras. Y aunque el menú esté planeado austeramente (*¡Qué ruina la de un país que todos fueran austeros!...* Fernández Flores), el postre dejará la sensación de una comilona.

INGREDIENTES

❑ Manzanas lindas, 6
❑ Galletitas de chocolate molidas, 1/2 taza
❑ Azúcar, 3 cdas.
❑ Nueces picadas, 1/2 taza
❑ Manteca, 100 g
❑ Agua, 1/2 taza
❑ Coñac, 1/2 taza
❑ Crema chantillí, para decorar

PREPARACIÓN

1 Hágales a las manzanas una incisión en la cáscara, como si les marcara la cintura, para que al cocinarse no se arruguen.

2 Ahuéquelas más que de costumbre y esta vez rellénelas con esta mezcla: las galletitas molidas, el azúcar, las nueces picadas y la manteca. Y ni se le ocurra contar cuántas calorías suma el relleno.

3 Meta las manzanas en el horno junto con el agua y el coñac, rocíelas con un poco más de azúcar y, mientras se cocinan, salséelas ¡hasta que estén tiernitas y la superficie, acarameladita!

NOTA

Yo las sirvo tibias, en compoteras individuales, con un poco de jugo y un copete de crema chantillí. Cuando todos aplaudan y pidan más, prométales que la próxima vez, antes de ponerles la crema, las cubrirá con azúcar, más coñac y las llevará encendidas a la mesa. Enseguida todos se calmarán. En política más vale prometer que dar; la esperanza obliga más que la gratitud.

Ensalada de frutas al Grand Marnier

INGREDIENTES

❑ Coctel de frutas, 1 lata grande
❑ Manteca en trocitos, 50 g
❑ Azúcar, 2 cdas.
❑ Ralladura de mandarinas (parte amarillita solamente), 1 cda.
❑ Jugo de mandarinas, colado, 1/2 taza
❑ Bananas, 4
❑ Limón, 1
❑ Cerezas al marrasquino, 1 frasco mediano
❑ Grand Marnier, de acuerdo con su cultura alcohólica…
❑ Terroncitos de azúcar, 2
❑ Alcohol fino, para empapar los terroncitos
❑ Helado de crema americana, para acompañar cada porción de ensalada (optativo) (véase pág. 76)

PREPARACIÓN

1 Ponga todo el contenido de la lata del coctel de frutas (con su juguito) en una fuente de metal. Agréguele los trocitos de manteca.

2 Mezcle el azúcar con la ralladura y el jugo de mandarinas.

3 Pele las bananas, frótelas con el limón (partido al medio, por supu…) y córtelas en rodajitas. Agréguelas en la ensalada junto con las cerezas al marrasquino, bien escurridas.

4 Minutos antes de llevar la ensalada a la mesa, caliéntela sobre los quemadores revolviendo cuidadosamente hasta que los trocitos de manteca se derritan.

5 Retírela del fuego y rocíela con abundante Grand Marnier (o

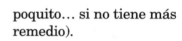

poquito… si no tiene más remedio).

6 Coloque estratégicamente los terroncitos de azúcar empapados en alcohol fino en la ensalada (sin hundirlos).

7 Eche la nariz hacia atrás… encienda los terroncitos con un fósforo… ¡y lleve la ensalada, encendida, a la mesa!

8 Para los comensales insaciables, sírvala así: primero una bocha de helado de crema americana en la compoterita y, sobre ella, ¡una buena porción de ensalada ardiente!

Corona de frutillas

(O frambuesas o cerezas)

INGREDIENTES

Savarín
- Manteca y azúcar, cantidad necesaria para untar el molde
- Huevos, 4
- Azúcar, 100 g
- Ralladura de limón, 1 cdita.
- Leche (hirviendo), 1/2 l
- Bizcochos vainillas, 1 docena
- Mermelada de damascos, reducida, 2 cdas.
- Almendras fileteadas y tostadas, 100 g

Relleno
- Frutillas enteras, lavadas, sin cabito y espolvoreadas con azúcar, 3 tazas
- Azúcar, 1 taza
- Kirsch (u otro licor), 1 copita
- Chantillí o sabayón, para acompañar

PREPARACIÓN

Savarín

1 Enmanteque abundantemente un molde tipo savarín (en forma de anillo), mediano, y espolvoréelo con azúcar.

2 Bata en una cacerola los huevos con el azúcar, hasta que la preparación esté espumosa y espesa.

3 Agréguele la ralladura de limón.

4 Vierta de a poco la leche hirviendo sobre la crema espumosa mientras bate enérgicamente hasta incorporarla toda. Cuele en un bol.

5 Deshaga las vainillas en trocitos.

6 Cubra con la mitad de ellas el molde enmantecado.

7 Vierta sobre ellas el batido.

8 Cubra con el resto de las vainillas.

9 Cocine al bañomaría, en horno moderado, hasta que el budín esté firme.

10 Retire y deje enfriar en el molde.

11 Desmóldelo, píntele la superficie con la mermelada reducida y salpique con las almendras tostadas.

Presentación

1 Ponga las frutillas enteras en un bol y macérelas con el azúcar y el kirsch durante una hora.

2 Rellene con esto el savarín de vainillas.

3 Sirva acompañando cada porción con chantillí o sabayón.

Niditos de merengue

Si usted cree que "la comida entra por los ojos"… estos "niditos de merengue" arrancarán aplausos a la hora del postre. Pues aunque usted sólo haya preparado "ensalada de frutas" o comprado helado en la heladería del barrio… si presenta cada porción dentro de niditos de merengue y los chorrea con salsa de chocolate, todos creerán que se ha pasado una semana y media planeando tal exquisitez. Una solución para templar sus nervios, ya que los "niditos" podrá prepararlos con anticipación y, ya fríos, guardarlos en latas bien cerradas para usar en el momento oportuno. ¡Glup que glup! (Por otra parte, una "receta a dos puntas": ¡al fin —si aún no sabe— aprenderá a hacer merengues!).

INGREDIENTES

□ Claras, 4
□ Crémor tártaro, 1 cdita. (tamaño café) (Se compra en las casas de repostería.)
□ Azúcar molido (del bueno… ¿eh?), 12 cdas. y un poquito más, para espolvorear
□ Fécula de maíz, 1 cda.

Varios
□ Ensalada de frutas, a gusto
□ Salsa de chocolate o crema chantillí, para acompañar (optativo)

PREPARACIÓN

Niditos de merengue

1 Bata las claras junto con el crémor tártaro hasta que alcancen punto de nieve. Incorpóreles de a poco el azúcar (de a una cucharada por vez) mientras sigue batiendo a toda máquina hasta incorporarla toda. Deje que la máquina siga batiendo y batiendo, hasta que el merengue quede ¡así de duro! Unale la fécula de maíz y mezcle suavemente.

2 Enmanteque y enharine una placa para horno.

3 Ponga el merengue en una manga con boquilla mediana (lisa o de picos) y trace espirales sobre la placa comenzando por el centro. Trate de que cada "vuelta" toque a la anterior así se forman círculos perfectos de merengue. (Si tiene otro método, hágalos a su modo. Cada maestrito con su librito…). Deje espacio entre disco y disco.

4 Ahora, con la misma manga (y más merengue, por supuesto…), levante sobre cada disco un borde,·superponiendo dos vueltas de merengue, a fin de formar una "parecita" (¿se dirá así…?).

5 Espolvoree los "niditos" con un poquito así de azúcar molido y séquelos en horno mínimo. La temperatura es muy importante: debe ser mínima para que los niditos se sequen sin tostarse demasiado. ¿Cómo se da cuenta de cuándo están listos? ¡Tóquelos! Deben estar sequitos y no pegoteados. Si les falta un poquito y usted está cansada de esperar… ¡apague el horno y olvídese de ellos hasta que se enfríen! (Con el merengue que le sobre, dése el gusto de hacer merenguitos con la misma técnica.)

6 Recién cuando los "niditos" se enfríen en la placa, despéguelos con un leve golpecito en la base, levántelos con espátula y apóyelos en los platos donde piensa armar el postre (o guárdelos…).

Final feliz

1 Arme el postre recién en el momento de llevarlo a la mesa, pues de lo contrario la humedad del relleno afectaría la textura del merengue… Entonces sí: rellénelos con la ensalada de frutas y adórnelos a gusto.

2 Ofrezca aparte la salsa de chocolate o la crema chantillí.

Arroz con leche "Emperatriz"

INGREDIENTES

Arroz con leche
- Leche, 1 l
- Arroz, 125 g
- Sal, una pizca
- Cascarita de limón, 1
- Azúcar, 100 g
- Crema de leche, 100 g
- Esencia de vainilla, a gusto

"Emperatriz"
- Gelatina de naranjas o cerezas, 1 caja chica
- Bananas en rodajitas, 2
- Yemas, 4
- Crema de leche, 400 g
- Gelatina en polvo, sin sabor, 14 g (2 sobrecitos)
- Fruta glasé, picadita y remojada en kirsch (u otro licor), 125 g

PREPARACIÓN

Arroz con leche cremoso

1 Poner en remojo el arroz con leche y dejar dos o tres horas para que el arroz suelte el almidón. Hervir agregando una pizca de sal y una cascarita de limón (sólo la parte amarilla).

2 Cuando el arroz está bien blando, agregar el azúcar. Dejar hervir para que la preparación se espese y el azúcar se disuelva completamente.

3 Agregar la crema de leche, revolver y retirar del fuego. Agregar unas gotitas de esencia de vainilla, mezclar y dejar enfriar.

"Emperatriz"

1 Prepare la gelatina de naranjas siguiendo las instrucciones del envase, pero desobedeciéndolas un poco: réstele una taza del agua indicada.

2 Moje con agua una budinera de 22 cm de diámetro y vierta en ella la mitad de la gelatina (reserve la otra mitad fuera de la heladera). Coloque el molde en la heladera hasta que la gelatina se solidifique.

3 Retire el molde de la heladera, moje las rodajitas de banana en la gelatina reservada y decore con ellas el molde. Póngalo en la heladera nuevamente para que se fije la decoración. Retire de la heladera, vierta sobre las rodajitas el resto de la gelatina líquida ¡y vuelva a estacionarlo en la heladera! (¡Ufaaa!)

4 Coloque el arroz cremoso en una cacerola, agréguele las yemas previamente batidas y revuelva continuamente sobre el fuego hasta que espese. Retire.

5 Remoje la gelatina sin sabor en media taza de agua fría y agréguesela al arroz con leche caliente. Revuelva hasta que se disuelva. Deje enfriar el arroz fuera de la heladera.

6 Cuando el arroz se enfríe, agréguele las frutas remojadas en el kirsch y la crema de leche batida espesa.

Pruébelo y, si le parece, azucárelo más... ¡o no!

7 Vuelque el "pasticcio" en la budinera que decoró con la gelatina y olvídese del postre en la heladera hasta que esté bien firme. O hasta el día siguiente...

8 Al día siguiente, desmóldelo como cualquier gelatina (pasando rápidamente el recipiente por agua caliente) sobre la fuente donde lo piensa servir.

9 Manténgalo en la heladera hasta el momento de servir.

NOTA

A partir de esta fórmula queda en libertad de hacer todas las fantasías que se le ocurran: en lugar de rodajitas de banana, decorarlo con frutillas o cerezas... en vez de agregarle yemas, incorporarle una taza de crema inglesa y reducir la crema de leche a 200 gramos... Queda usted en libertad de inventar la versión que más le guste... ¡y échese a volar! No tenga miedo: *El ave canta aunque la rama cruja, porque conoce lo que son sus alas...* (Santos Chocano). ¡Glup!

Frutillas a la pimienta

INGREDIENTES

❑ Frutillas
maduras, limpitas
y cortadas en
tajadas, 300 g
❑ Azúcar
impalpable
tamizado, 4 cdas.
❑ Helado de crema
americana,
3/4 de kg
❑ Marrasquino, un
"cabezazo" (como
si viajara en el
colectivo 60)
❑ Cointreau, otro
"cabezazo" (como
si frenara de golpe
ante un "lomo de
burro")
❑ Grand Marnier,
otro "cabezazo"
(como si realmente
no hubiera visto el
bache)
❑ Pimienta negra,
molida en el
momento,
cantidad necesaria

PREPARACIÓN

1 Ponga las tajaditas de frutilla en un bol grande y espolvoréelas con el azúcar. Aplástelas con un tenedor hasta convertirlas en un puré.

2 Coloque sobre ellas el helado y siga aplastándolas hasta que el helado, al mezclarse con las frutillas, tome consistencia de una mousse espesa.

3 Llegado a este punto, déle a la mezcla los tres cabezazos: el de marrasquino, el de Cointreau y el de Grand Marnier. Mezcle bien.

4 Sirva la crema helada individualmente en cremeritas, moliendo sobre cada porción una lluvia finita de pimienta negra.

MOUSSES, PARFAITS, CHARLOTTES, BAVAROISES Y OTRAS CREMAS HELADAS

Bavarois de chocolate

INGREDIENTES

Bavarois
❑ Azúcar, 150 g
❑ Yemas, 5
❑ Leche caliente, 1/2 l
❑ Gelatina en polvo, sin sabor, 1 sobrecito (1 cda.)
❑ Agua fría, 1/2 taza
❑ Chocolate, 1 tableta de 150 g
❑ Claras batidas a nieve, 3
❑ Crema de leche, batida espesa, 1/2 taza

Salsa de chocolate
❑ Azúcar, 1/2 taza
❑ Manteca, 50 g
Leche caliente, 1 taza
❑ Bicarbonato de sodio, 1/2 cdita.
❑ Chocolate cortado en trocitos, 1 tableta de 150 g

PREPARACIÓN

Bavarois

1 Coloque el azúcar en una cacerolita junto con las yemas.

2 Bata hasta obtener una crema.

3 Añádale la leche de a poco, mientras revuelve rápidamente para incorporarla toda.

4 Agréguele la gelatina sin sabor, previamente remojada en el agua fría.

5 Coloque sobre el fuego y revuelva constantemente hasta que espese, pero sin que llegue a hervir (si hierve… se corta). Retire del fuego.

6 Unale el chocolate rallado y revuelva hasta que se disuelva.

7 Cuele en un bol y estacione en la heladera hasta que comience a espesar.

8 Bata las claras a punto de nieve.

9 Bata la crema hasta que espese.

10 Retire la gelatina de chocolate de la heladera y bátala en la batidora hasta que esté espumosa.

11 Unale las claras a nieve y la crema de leche.

12 Vierta en un molde de tamaño apropiado, previamente humedecido con agua.

13 Coloque el molde en la heladera y déjelo allí por lo menos doce horas, hasta que esté bien firme.

14 Desmolde pasando ligeramente el recipiente por agua caliente y sirva con "salsa de chocolate".

Salsa de chocolate

1 Ponga la manteca y el azúcar en una cacerolita.

2 Revuelva continuamente sobre el fuego hasta que la manteca y el azúcar se fundan.

3 Agrégueles la leche caliente, el bicarbonato y el chocolate cortado en trocitos.

4 Deje hervir, revolviendo de vez en cuando con cuchara de madera, hasta que tome la consistencia de un almíbar espeso.

5 Usela —fría o caliente— para salsear el bavarois.

Charlotte mexicana

INGREDIENTES

❏ Chocolate rallado, 250 g
❏ Café bien concentrado y caliente, 2 tazas
❏ Yemas, 3
❏ Claras a nieve, 3
❏ Azúcar, 1/4 de taza (o más, a gusto)
❏ Gelatina en polvo, sin sabor, 15 g
❏ Agua fría, 1/4 de taza
❏ Crema de leche, ligeramente batida, 300 g
❏ Crema chantillí, 300 g

Varios
❏ Lengüitas de gato, de largo igual a la altura de la charlotte (véase pág. 12)
❏ Virutas de chocolate (o nueces molidas), para decorar
❏ Crema chantillí, 1/2 taza

PREPARACIÓN

1 Disuelva el chocolate rallado en el café caliente.

2 Bata las yemas con el azúcar hasta que espesen y tomen color clarito.

3 Agregue el chocolate disuelto.

4 Revuelva continuamente sobre el fuego hasta que espese pero sin que llegue a hervir (si hierve… se corta).

5 Retire del fuego y agréguele la gelatina previamente remojada en el agua. Revuelva para que se disuelva.

6 Cuele en un bol y enfríe en la heladera hasta que comience a espesar.

7 Cuando la gelatina de chocolate espese, retírela de la heladera y colóquela en el bol de la batidora. Bátala hasta que se transforme en una espuma.

8 Unale la crema de leche y las claras.

9 Vierta en un molde humedecido en agua y deje en la heladera hasta que esté firme.

10 Desmolde pasando rápidamente el molde por agua caliente y decore a gusto pegándole alrededor las lengüitas de gato y cubriendo la superficie con las virutas de chocolate y copos de crema chantillí. ¡Glup!

Espuma de café

INGREDIENTES

- Gelatina sin sabor, 1 cda.
- Agua fría, 1/4 de taza
- Café negro, fuerte, 1 y 1/2 taza
- Azúcar, 1 taza
- Huevos, ligeramente batidos, 3
- Sal, un poquito
- Esencia de vainilla, 1 cdita.
- Crema de leche, batida espesa, 1 y 1/2 taza

PREPARACIÓN

1 Remoje la gelatina en el agua fría.

2 Ponga el café y el azúcar en una cacerolita y haga hervir hasta que el azúcar se disuelva y resulte un jarabe algo espeso.

3 Vierta de a poco sobre los huevos batidos mientras mezcla rápidamente para evitar que se cocinen y la clara coagule.

4 Incorpore la gelatina remojada y mezcle hasta que se disuelva. Agregue la sal.

5 Cuele, perfume con la esencia y deje enfriar hasta que comience a espesar.

6 Bata la gelatina de café en la batidora hasta que esté espumosa.

7 Mézclele la crema batida espesa y moldee como las demás espumas.

Mousse de limón

INGREDIENTES

- Jugo de 4 limones gordos
- Azúcar, 180 g
- Manteca, 100 g
- Gelatina en polvo, sin sabor, 1 cdita.

PREPARACIÓN

1 Ponga en una cacerolita el jugo de limón colado, el azúcar y la manteca.

2 Revuelva continuamente sobre el fuego con cuchara de madera, hasta que la manteca se derrita. Retire.

3 Remoje la gelatina en el agua fría y disuélvala al bañomaría hasta que esté bien transparente.

❏ Agua fría,
2 cdas.
❏ Yemas batidas, 4
❏ Ralladura
de 1 limón
❏ Claras batidas
a nieve, 4
❏ Trocitos
de vainilla
(bizcochos), 6
❏ Grand Marnier o
Triple sec o
Limoncello, para
rociar las vainillas

4 Agréguesela a la
preparación anterior
mientras está caliente.
Revuelva para que se
mezclen bien.

5 Vierta de a poquito
esta mezcla sobre las
yemas batidas
mientras
simultáneamente bate
con un batidor.

6 Perfume con la
ralladura de limón.

7 Retire del fuego y
vuelque en un bol
térmico. Agréguele las
claras batidas a nieve
y mezcle con batidor.

8 Ponga el bol al
bañomaría y bata la
preparación con la
batidora eléctrica hasta
que todo se convierta en
una espuma espesa que

"haga picos duros", como
un merengue suizo.

9 Distribuya en el
fondo de copas o
cremeras un trozo de
vainilla humedecido
con unas gotas del licor
elegido.

10 Complete las copas
con la mousse.

11 Coloque las copas
en el freezer hasta que
la mousse esté firme.

12 Sírvalas decorando
cada una con "cabellos de
ángel de limón", que se
hacen igual que los de
naranja (véase *Platos con
pollos y otros plumíferos*,
pág. 22), o simplemente
acompáñelas con
lengüitas de gato, o
tejas… ¡o decórelas a su
gusto!

Nota
Puede servir la mousse en un
molde único, alargándole las
alturas como indicamos en la
página 9.

Naranja espumosa

INGREDIENTES

- Gelatina en polvo, sin sabor, 1 cda.
- Agua fría, 1/2 taza
- Agua caliente, 1 y 1/2 taza
- Azúcar, 1 y 1/2 taza
- Ralladura de 2 naranjas (parte anaranjada solamente)
- Jugo de limón, 1/2 taza (o más, a gusto)
- Jugo de naranja, 1 y 1/2 taza
- Crema de leche, batida espesa, 2 tazas
- Sal, un poquitito
- Azúcar impalpable tamizado, 1/2 taza
- Yemas, 2
- Claras batidas a nieve, 2

PREPARACIÓN

1 Remoje la gelatina en el agua fría.

2 Cuando la gelatina esté hecha una pasta, agréguele el agua caliente y el azúcar.

3 Revuelva hasta que la gelatina y el azúcar se disuelvan.

4 Agregue la ralladura de naranja, el jugo de limón y el jugo de naranja. Mezcle bien.

5 Enfríe en la heladera hasta que comience a espesar.

6 Bata la crema de leche con un poquitito de sal y agréguele el azúcar impalpable. Debe tener la consistencia de una salsa blanca espesa.

7 Incorpórele las yemas, de a una por vez.

8 Mezcle con las claras a nieve.

9 Bata la gelatina de naranja en la batidora eléctrica hasta que esté espumosa. Mézclele la preparación a base de crema de leche.

10 Distribuya en copas altas y ponga en el freezer hasta que estén firmes.

11 Decore la superficie de cada "espuma" con un gajo de naranja, pelado "a vivo" y azucarado.

Mousse de chocolate

INGREDIENTES

(para 8 o 10 copas)

- ❑ Yemas, 7
- ❑ Azúcar, 7 cdas.
- ❑ Manteca, 2 cdas.
- ❑ Chocolate, 150 g
- ❑ Claras, 7
- ❑ Crema de leche, 7 cdas.

Varios
- ❑ Praliné de nueces (véase *Técnicas y recetas básicas*, pág. 162) o nueces molidas
- ❑ Crema chantillí, hecha con 100 g

PREPARACIÓN

1 Bata las yemas con el azúcar hasta que estén bien cremosas.

2 Ponga la manteca en una fuentecita, apoye sobre ella la tableta de chocolate y derrítalo al calor de un horno suave. Cuando note que el chocolate está blandito, retire y termine de mezclarlo con la manteca derretida. Reserve.

3 Bata las claras a punto de nieve.

4 Bata la crema hasta que espese pero sin que alcance el punto chantillí.

5 Una el chocolate derretido con el batido de yemas y bata bien.

6 Incorpórele la crema de leche y mezcle.

7 Unale las claras a nieve y mezcle con movimientos envolventes hasta obtener una espuma de color uniforme.

8 Distribuya la mousse en copas o cremeritas y póngalas en el freezer hasta que la superficie esté firme (si quiere una espuma más consistente, estaciónelas en la heladera hasta el día siguiente).

9 En el momento de servirlas, decore la superficie de cada una con un copo de chantillí y salpique con las nueces.

Charlotte russe

INGREDIENTES

- Gelatina en polvo sin sabor, 1 cda.
- Agua fría, 1/4 de taza
- Leche caliente, 1 y 1/2 taza
- Yemas, 3
- Azúcar, 1/2 taza
- Esencia de vainilla, 1 cdita.
- Crema de leche batida espesa, 200 g
- Claras, 3
- Budinera o molde savarín forrado con vainillas (22 cm de diámetro)

PREPARACIÓN

1 Remoje la gelatina en el agua fría. Agréguele la leche caliente y revuelva para que se disuelva.

2 Bata las yemas con el azúcar hasta que estén bien cremosas. Incorpóreles de a poco la gelatina disuelta en la leche mientras sigue batiendo con batidor de alambre.

3 Vuelque en una cacerola y siga revolviendo sobre el fuego hasta que la crema espese, pero sin que hierva.

4 Retire del fuego y vuelque en un bol para interrumpir la cocción. Revuelva de vez en cuando hasta que se entibie, así no se le forma "nata" en la superficie.

5 Estacione el bol en la heladera hasta que la preparación comience a espesar.

6 Retire la crema de la heladera y bátala en la batidora hasta que esté espumosa. Perfúmela con la esencia de vainilla.

7 Unale la crema de leche batida espesa. Por último, añada las claras batidas a punto de nieve bien firme. Una todo con movimientos envolventes.

8 Vierta la "espuma" obtenida en el molde forrado con bizcochos. Estacione el molde en la heladera hasta el día siguiente.

9 Desmolde el postre directamente sobre la fuente donde lo piensa servir, retírele el papel que tenía adherido y decórelo cubriéndole las imperfecciones (si las tuviera...) con crema chantillí, chocolate en rama... ¡o lo que más le guste!

Charlotte de frutillas o frambuesas

INGREDIENTES

- ❑ Yemas, 7
- ❑ Azúcar, 200 g
- ❑ Agua, 1 taza
- ❑ Oporto, 1/2 vaso
- ❑ Frutillas limpias, 1/4 kg
- ❑ Bizcochos vainilla, 1 docena (partidos por la mitad a lo largo)
- ❑ Crema batida espesa, 400 g
- ❑ Crema chantillí extra y frutillas enteras, para decorar

PREPARACIÓN

1 Bata las yemas con el azúcar hasta que espesen y tomen un color amarillo clarito.

2 Agrégueles el agua y el Oporto.

3 Cocine sobre el fuego, revolviendo enérgicamente con cuchara de madera hasta que hierva y espese.

4 Sumerja la cacerola en un recipiente con agua fría y revuelva con cuchara de madera hasta que se enfríe.

5 Quítele el cabito a las frutillas y lícuelas "a medias".

6 Forre un molde con papel impermeable y tapícelo con los bizcochos vainilla, recortados de modo que se ensamblen bien a la forma del molde (véase pág. 10).

7 Una la crema de yemas con el puré de frutillas y la crema batida espesa.

8 Vuelque la preparación en el molde forrado con bizcochos.

9 Estacione en el freezer a frío máximo hasta que esté firme.

10 Desmolde, retire el papel y decore a gusto con crema chantillí y frutillas enteras.

*P*arfait de naranja

⬛⬛⬛⬛⬛⬛⬛⬛
INGREDIENTES

❏ Yema, 1
❏ Azúcar,
3/4 de taza
❏ Ralladura
de 2 naranjas
❏ Jugo de naranja,
3/4 de taza
❏ Jugo de limón,
1/2 taza
❏ Gelatina
remojada y
disuelta al
bañomaría, 1 cda.
❏ Crema batida
espesa, 200 g
❏ Clara batida
a nieve, 1

PREPARACIÓN

1 Mezcle la yema, el azúcar, la ralladura de naranja y el jugo de naranjas y de limón mientras va uniendo los ingredientes con manos de hada.

2 Agregue la gelatina disuelta, mientras sigue revolviendo suavemente.

3 Coloque la preparación en un molde tipo "budín inglés" y lleve al freezer. Deje enfriar hasta que espese (¡pero que no se convierta en una piedra!).

4 Sáquelo del freezer, procéselo hasta que esté espumoso y mézclele la crema batida espesa y la clara a punto de nieve.

5 Vuelva a colocarlo en el molde y estaciónelo en el freezer, hasta que tome consistencia.

6 Desmóldelo y sírvalo cortado en tajadas, sobre un coulis de chocolate.

*P*arfait de café

INGREDIENTES

▢ Leche,
1 y 1/2 taza
▢ Café molido,
2 cdas. (si es del
bueno, ¡tanto
mejor!)
▢ Azúcar, fundido
a caramelo,
1/2 taza
▢ Así de sal
▢ Crema espesa,
1 y 1/2 taza
▢ Esencia de
vainilla, 1 cdita.

PREPARACIÓN

1 Hierva la leche con el café durante 5 minutos.

2 Cuando enfríe un poquito, cuélela por un filtro de café y agréguele la media taza de azúcar fundido a caramelo.

3 Vuelva a colocarla sobre el fuego y revuelva para que el caramelo se disuelva.

4 Agréguele la sal.

5 Déjelo enfriar.

6 Mézclele la crema y la esencia de vainilla.

7 Vierta en un molde tipo "budín inglés" y estacione en el freezer hasta que esté firme.

8 Desmolde y sírvalo cortado en tajadas, sobre un coulis de vainilla o menta.

*E*spuma de limón

INGREDIENTES

- ❏ Gelatina en polvo, sin sabor, 1 cda.
- ❏ Agua fría, 1/4 de taza
- ❏ Limón, grande, 1 (o dos chicos)
- ❏ Yemas, 4
- ❏ Sal, un poquito así
- ❏ Azúcar, 1 taza
- ❏ Claras, 4

Varios
- ❏ Mitades de duraznos al natural
- ❏ Fruta abrillantada de diferentes colores
- ❏ Almendras fileteadas

PREPARACIÓN

1 Remoje la gelatina en el agua fría.

2 Ralle el limón (parte amarilla solamente) y agréguele su jugo colado.

3 Ponga la ralladura y el jugo de limón en una cacerolita y añádale las yemas, la sal y media taza de azúcar.

4 Revuelva constantemente sobre el fuego, hasta que tome consistencia de batido para flan, pero sin que llegue a hervir (porque se corta).

5 Agréguele la gelatina remojada y revuelva para disolverla bien.

6 Retire del fuego.

7 Bata las claras a nieve y agrégueles, de a poco, sin dejar de batir, el resto de azúcar (media taza).

8 Vierta de a poco sobre ellas el batido de flan caliente, mientras bate enérgicamente.

9 Coloque en un molde savarín humedecido con agua.

10 Deje en la heladera hasta el día siguiente.

11 Desmolde pasando rápidamente el recipiente por agua caliente.

12 Adorne el centro con los duraznos al natural.

13 Termine la decoración del postre con trocitos de frutas abrillantadas multicolores y almendras fileteadas.

14 Mantenga en la heladera hasta el momento de servir.

Mousse a dos colores

INGREDIENTES

❑ Mousse de
frutillas
❑ Frutillas, 2 tazas
(limpitas y sin el
cabito)
❑ Azúcar, 1 taza
❑ Claras batidas
a nieve, 4
❑ Crema de leche,
batida espesa, 200 g
❑ Colorante
vegetal rojo
(líquido), unas
gotas, si hiciera
falta

Mousse de chocolate

❑ Claras, 2
❑ Crema de leche,
200 g
❑ Azúcar, 4 cdas.
❑ Cacao amargo,
1 cda. panzona

Varios

❑ Alguna frutilla
en tajaditas y
abierta en abanico,
y alguna hojita
verde… ¡o lo que se
le ocurra!

PREPARACIÓN

Mousse de frutillas

1 Coloque las frutillas en
un bol, cúbralas con el
azúcar y déjelas macerar
media hora.

2 Póngalas en una
cacerola y revuelva
sobre fuego fuerte con
cuchara de madera,
aplastándolas (pero
respetándoles su
personalidad, es decir:
¡que se vea que son
frutillas!), hasta
obtener una
mermelada liviana
(punto del juguito:
"hilo fuerte").

3 Vierta la mermelada
caliente sobre las claras
batidas a nieve mientras
mezcla suavemente, con
movimientos envolventes
(usted me entiende…).

4 Agréguele la crema
batida espesa y, si
hiciera falta, refuerce
el color con unas
gotitas de colorante

vegetal rojo (o jugo de
remolachas… ¡bah!).

5 Estacione esta
"mousse de frutillas"
en la heladera,
mientras prepara la
"mousse de chocolate".

Mousse de chocolate

1 Ponga a batir las
claras en la batidora,
hasta que alcancen el
"punto de nieve".

2 Bata la crema con el
azúcar hasta que
espese, pero sin que se
reciba de "chantillí".

3 Agréguele el cacao
amargo y, por último, las
claras batidas a nieve.

Terminación

1 Elija las copas más
lindas que tenga (o que
le presten…), ¡o
confórmese con los

vasitos que encuentre! *Creed en vos mismo y vuestra salvación estará asegurada* (lbsen).

2 Llene las copas hasta la mitad con la mousse de frutillas o la de chocolate. Ponga a congelar una hora en el freezer puesto al máximo.

3 Retire las copas y termine de llenarlas con ambas "mousses", invirtiendo los colores. Póngalas otra hora en el freezer hasta que llegue el momento de llevarlas a la mesa.

NOTA

Siguiendo el procedimiento para armar estas copas, usted podrá hacer volar su fantasía —y dejar con la boca abierta a sus invitados—, rellenándolas con franjas de mousses de diferentes colores: de kiwi... de melón... de cerezas... de frambuesas... de duraznos... *La imaginación nunca se sacia* (B. Jarnés). ¡Glup!

COPAS HELADAS

Copa Emilia

INGREDIENTES

❏ Ananás, 1 (o ananás al natural)
❏ Agua, cantidad necesaria
❏ Azúcar, a gusto
❏ Crema chantillí, hecha con 200 g
❏ Azúcar impalpable tamizado, 1/2 taza
❏ Helado de vainilla, 1/2 kg
❏ Colorante rojo, unas gotas (o jugo de remolachas)
❏ Almendras tostadas, 2 cdas.

PREPARACIÓN

1 Pele el ananás, corte la pulpa en dados, cúbralos con agua, espolvoree con azúcar y haga hervir hasta que parezca ananás de lata.

2 Escurra los cubos de ananás y mézclelos con la mitad de la crema chantillí y el azúcar impalpable.

3 Distribúyalos en copas de boca ancha, llenándolas hasta la mitad. Póngalas en el freezer para que se enfríen bien sin que lleguen a endurecerse.

4 En el momento de servir, coloque una bocha de helado de vainilla en el centro de cada copa, haga una guarnición de crema chantillí alrededor de cada una y salpique con las almendras tostadas. Sirva enseguida.

Copa chocolatada

Ingredientes

☐ Ensalada de
frutas frescas,
azucarada a gusto,
3/4 kg en total (o
una lata grande de
ensalada
envasada)

**Crema de
chocolate y café**
☐ Chocolate, 130 g
☐ Café fuerte,
1 taza (infusión)
☐ Harina,
1/4 de taza
☐ Azúcar,
2/3 de taza
☐ Sal, apenitas
☐ Leche, 1 taza
☐ Yemas, 3
☐ Manteca, 2 cdas.
☐ Esencia de
vainilla, 2 cditas.
☐ Gajitos de
mandarina (sin
semillas) y
rodajitas de
banana, para
decorar

Preparación

1 Distribuya la ensalada
de frutas en copas altas y
profundas, a fin de
llenarlas hasta la mitad
solamente. Manténgalas
en la heladera.

Crema

1 Ponga el chocolate y el
café en una cacerolita y
revuelva continuamente
hasta que el chocolate se
disuelva.

2 Aparte, mezcle en
una cacerola la harina
junto con el azúcar, la
sal y la leche fría. Bata
con batidor de alambre
para que no se formen
grumos.

3 Agregue a esto el
chocolate fundido
anteriormente.

4 Revuelva
continuamente
sobre fuego suave hasta
que hierva y espese.

5 Bata las yemas.

6 Vierta la crema de
chocolate caliente, de a
poco, sobre las yemas,
batiendo continuamente
hasta incorporarla toda.

7 Vuelva a poner sobre
fuego suave, revolviendo
siempre hasta que
espese bien.

8 Retire del fuego y
agréguele la manteca y la
esencia. Revuelva hasta
que la manteca se funda.
Siga revolviendo de vez en
cuando hasta que se
enfríe, así no se le forma
una película en la
superficie.

9 Una vez fría la crema,
póngala en la heladera.

10 En el momento de
servir las copas,
complételas con la crema
de chocolate y adorne la
superficie de cada una con
un gajito de mandarina y
una rodajita de banana (o
el adorno que más le
guste).

NOTA

Si prepara ensalada fresca, recuerde que tanto las manzanas como las peras o las bananas, para que no se oscurezcan, debe pelarlas con cuchillo de acero inoxidable y frotarlas con jugo de limón.

Si quiere cortar las rodajitas de banana de modo que parezcan rueditas dentadas, antes de seccionar la banana, ráyela a lo largo con un tenedor mojado en jugo de limón a fin de hacerle surcos paralelos en toda su superficie. Al cortar las rodajitas comprobará el resultado.

*C*opas de banana

INGREDIENTES

❏ Crema de leche,
200 g
❏ Clara de huevo, 1
❏ Azúcar, 1/2 taza
❏ Bananas,
grandes y
maduras, 4 (1 taza
de pulpa)
❏ Jugo de limón,
2 cdas.
❏ Amarettis chicos,
para adornar las
copas (optativo)
❏ Chocolate
rallado grueso
(optativo)

PREPARACIÓN

1 Bata la crema de leche hasta que esté espesa, pero sin que alcance el punto chantillí.

2 Bata la clara a punto de nieve y agréguele entonces, de a poco (mientras sigue batiendo), la mitad del azúcar. Continúe batiendo hasta que se forme un merengue firme, de picos duros.

3 Sólo entonces (para evitar que se oscurezcan), pele las bananas y tamícelas o aplástelas con un tenedor, junto con el jugo de limón y el cuarto de taza de azúcar restante.

4 Inmediatamente, una el puré de bananas con el merengue y la crema.

5 Distribuya en copas y, si quiere, hunda en cada una dos o tres amarettis y salpique la superficie con el chocolate rallado.

6 Coloque las copas en el freezer hasta que estén firmes (pero no convertidas en piedras, ¡por favor!)... Si se olvida de ellas y se endurecen, sáquelas con anticipación y manténgalas en la heladera hasta el momento de servir.

Copa de castañas

Ingredientes

- Castañas en almíbar, de buena familia, 1 frasco mediano
- Helado de vainilla, 6 porciones
- Crema chantillí, 2 tazas
- Pulpa de frutillas, envasada, 2 tazas

Preparación

1 Escurra las castañas, reserve 6 enteras y pique el resto.

2 Ponga el helado en un bol, aplástelo con un tenedor hasta convertirlo en puré y mézclele las castañas picaditas.

3 Vuelva a poner el helado en el freezer hasta que tome consistencia para ser moldeado.

4 En el momento de servir, arme las copas así: mezcle la crema chantillí con la pulpa de frutillas bien escurrida y estaciónela en el freezer (pruébela antes y, si le parece, agréguele más azúcar).

5 Coloque una porción de helado en el centro de copas anchas de champán previamente enfriadas y corone cada porción con una de las castañas enteras que reservó.

6 Coloque la crema que mezcló con la pulpa de frutillas en una manga con boquilla de picos y rodee cada bocha de helado con un cordón grueso.

7 Sirva enseguida.

Nota

Si no consigue "pulpa de frutillas envasada", prepárela así: lave muy bien 3/4 kilo de frutillas, córtelas en tajaditas y macérelas una hora en media taza de azúcar. Licue todo y póngalo en una cacerolita. Revuelva continuamente sobre el fuego hasta obtener un puré espeso. Retire y enfríe. En el momento de utilizar, escúrrale el almíbar que hubiera soltado.

Copas de caramelo

INGREDIENTES

Helado
❑ Azúcar,
1 y 3/4 de taza
❑ Leche hirviendo,
2 tazas
❑ Yemas batidas, 8
❑ Sal, un poquitito
❑ Crema de leche,
batida espesa,
200 g
❑ Esencia de
vainilla, 1 cdita.

Praliné
❑ Azúcar, 1 taza
❑ Nueces peladas,
1 taza

Varios
❑ Chantillí
y virutas de
chocolate, para
decorar

PREPARACIÓN

Helado

1 Ponga el azúcar en una cacerola sobre fuego fuerte.

2 Revuelva continuamente con una cuchara hasta que el azúcar se funda y acaramele.

3 Una vez fundido el azúcar, agréguele la leche hirviendo y revuelva sobre fuego suave hasta que se derrita bien.

4 Vierta la leche "acaramelada" sobre las yemas batidas. Revuelva rápidamente y agréguele la sal.

5 Vuelva a colocar sobre el fuego, revolviendo continuamente, hasta que la crema espese, pero sin que llegue a hervir.

6 Retire del fuego y deje enfriar, revolviendo de vez en cuando para que no se le forme "nata".

7 Bata la crema hasta que resulte espesa como la "crema caramelo" y únala a ésta. Perfume con esencia.

8 Coloque en un molde del tipo "budín inglés" y estacione la crema en el freezer.

9 En cuanto note que se solidifica, desmóldela, corte en trocitos y procese o licue hasta obtener un helado cremoso.

10 Vuelva a poner en el freezer, hasta que esté firme.

Praliné

1 Ponga el azúcar en una sartén sobre el fuego fuerte, revolviendo continuamente hasta que se funda.

2 Agréguele 1 taza de nueces peladas y trituradas.

3 Revuelva rápidamente y vierta sobre una superficie enmantecada. Deje enfriar.

4 Parta en trozos y aplástelos con el palote hasta reducirlos a un granulado fino.

Armado de las copas

1 Elija copas altas.

2 Rellénelas con una capa de helado de caramelo, una cucharada de praliné, otra capa de helado, y así hasta terminar con helado.

3 Corone con un copo de chantillí y virutas de chocolate.

4 Mantenga las copas en el freezer hasta servirlas.

❏ Cáscara amarillita (¡nada de blanco!) de 3 limones
❏ Vainillas, 6 (una para cada copa)
❏ Grand Marnier, para emborrachar las vainillas (y si le gusta más el oporto… ¡allá usted!)
❏ Helado de limón, 1 kg (cómprelo, por supu…)
❏ Leche condensada, 1 lata
❏ Canela, a gusto (yo usé una cucharadita en polvo)

Copa de limón

PREPARACIÓN

1 Tome las cáscaras de limón (que habrá pelado con pelapapas para que sean casi transparentes…) y, con un cuchillo filoso, córtelas en segmentos y éstos, a su vez, en tiras finísimas que parezcan… ¡pelos! Si le regalaron el aparatito especial para cortar así la corteza de cítricos… ¡olvídese del pelapapas! Divida entonces los pelitos en cuadraditos así de invisibles.

2 Ahora sí. Deshaga cada vainilla y distribúyalas en el fondo de seis copas altas (o lo que tenga a mano…).

3 Rocíelas con el Grand Marnier.

4 Vierta el helado en un bol y bátalo mientras le agrega las 3/4 partes de la leche condensada. Mézclele 2/3 de las cascaritas "invisibles" cortadas. Perfume la mezcla con la canela.

5 Distribuya el helado sobre las vainillas que estén en las copas, salpique con las cascaritas sobrantes y sirva enseguida.

Copa de mandarina

Por un momento voy a quitarme el gorro de cocinera para iniciar la defensa de las mandarinas. *Cuando el deber se ve con claridad, dudar sobre la línea de conducta que se debe seguir es ya caer* (Victor Hugo). ¡Basta de injusticias! Pasee una mirada benévola por todos los cajones de naranjas que vea ("La defensa es un deber; la agresión es un acto de locura") y compre todas las mandarinas de ocasión que le ofrezcan. Llévelas a su casa y prepare con ellas esta receta. ¡Y que vivan las mandarinas!

INGREDIENTES

❏ Mandarinas, cantidades industriales como para obtener 2 tazas grandes de jugo, libre de semillas
❏ Azúcar, 9 cdas.
❏ Fécula de maíz, 2 cdas.
❏ Yemas, 4
❏ Claras, 4
❏ Gajitos de mandarinas acaramelados, para decorar
❏ Crema chantillí, a gusto, para decorar las copas

PREPARACIÓN

1 Exprima las mandarinas hasta obtener las 2 tazas de jugo.

2 Agregue a este jugo 6 cucharadas de azúcar, la fécula y las yemas, y revuelva, revuelva, revuelva sobre el fuego hasta que hierva y espese.

3 Simultáneamente, ponga a batir las claras en la batidora. Y para no oír el batifondo que hace, sumérjase en algún poema de Neruda: *Como todas las cosas están llenas de mi alma / emerges de las cosas, llena del alma mía. / Mariposa de sueño, te pareces a mi alma, / y te pareces a la palabra melancolía…*

4 ¿Listo? Mézclele a las claras las otras 3 cucharadas de azúcar y vierta sobre ellas en caliente la crema de mandarinas. Todo se transformará en una espuma deliciosa que usted tendrá la paciencia de distribuir en copas altas y meter en el freezer.

5 ¿Para servirlas? Un copete de crema chantillí y, sobre él, un gajito de mandarina acaramelado. Por supuesto que puede competir con cualquier crema de naranjas… ¿Que cuántas mandarinas gasté para hacerla? *El vencedor no se detiene a contar sus muertos. La gloria del triunfo lo compensa todo* (Benavente).

Copa Waikiki

INGREDIENTES

- Pasas de uva "rubias", 1 taza
- Whisky del bueno, 3/4 de taza
- Helado de chocolate, 1 kg
- Dulce de leche de repostería, 6 cdas.
- Salsa de chocolate, cantidad necesaria
- Crema chantillí, un poquitito así para cada copa
- Nueces molidas, 100 g

PREPARACIÓN

1 Elija 6 vasos anchos y petisos para whisky y enfríelos bien. Ponga a remojar las pasas en el whisky.

2 Arme los vasos ("copas", ¡bah!) así: en el fondo una buena cucharada de helado de chocolate.

3 Sobre el helado, una cucharadota de pasas remojadas en el whisky... y un poco del "juguito" también.

4 Sobre las pasas, una cucharada de dulce de leche espeso.

5 Cubriendo las pasas, otra cucharada de helado de chocolate.

6 Sobre el helado, un chorro generoso de salsa de chocolate.

7 Y sobre la salsa, un copito así de chiquito de chantillí y una lluvia así de grande de nueces molidas. ¡Y listo!

Copa de caramelo (pág. 63).

Tiramisu (pág. 77).

Soufflé de chocolate (pág. 80).

*P*anqueques de manzanas "flambée" (pág. 86).

Sherbet de limón al champán

INGREDIENTES

Sherbet
- Agua, 2 tazas
- Azúcar, 3/4 de taza
- Ralladura de limón, 1 cdita.
- Sal, un poquito
- Gelatina en polvo, sin sabor, 2 cditas.
- Agua fría, 4 cdas.
- Jugo de limón, colado, 1/3 de taza
- Claras batidas a nieve, 2

Varios
- Champán bien helado, 1 botella (¡juéguese!)

PREPARACIÓN

Sherbet

1 Mezcle en una cacerolita el agua, el azúcar, la sal y la ralladura de limón.

2 Revuelva con cuchara de madera sobre el fuego hasta que el azúcar se disuelva.

3 Deje de revolver y haga hervir todo 10 minutos. Retire del fuego.

4 Remoje la gelatina en el agua fría y agréguesela al almíbar hecho anteriormente. Mezcle hasta que la gelatina se disuelva.

5 Cuele y enfríe.

6 Agréguele el jugo de limón, mezcle, vierta en un molde de metal y estacione en el freezer hasta que la preparación comience a espesar.

7 Retire del freezer, vierta en un bol, únale las claras batidas a nieve y mezcle bien hasta incorporarlas totalmente.

8 Vuelva a poner la mezcla en el freezer para que se solidifique.

9 Retire el helado de agua del freezer (¿qué cosa es, si no, un "sherbet"?...), desmóldelo, pártalo en trocitos y procéselo hasta que parezca un "helado de limón" fuera de serie.

Modo de servirlo

1 Coloque una bocha de helado de limón en el centro de copas anchas de champán previamente enfriadas (o los vasos que tenga...).

2 Termine de completarlas con champán bien helado.

3 Acompañe con cucharillas, así cada invitado lo toma como quiere. (Personalmente, a mí no me gusta que me lo sirvan batido...)

POSTRES HELADOS

Postre helado de café y huevos

INGREDIENTES

- ❑ Claras, 4
- ❑ Azúcar, 10 cdas.
- ❑ Yemas, 4
- ❑ Café instantáneo, 2 cdas.
- ❑ Crema de leche, batida espesa, 250 g
- ❑ Vainillas, cantidad necesaria (o restos de bizcochuelo)
- ❑ Infusión de café, bien concentrada y azucarada a gusto, 1 taza
- ❑ Chocolate rallado, 100 g
- ❑ Nueces peladas y trituradas con el palote, 100 g

Varios
- ❑ Crema chantillí y rulos de chocolate, para decorar

PREPARACIÓN

1 Bata las claras a nieve y agrégueles de a poco el azúcar, mientras continúa batiendo hasta incorporarlo todo. Siga batiendo hasta obtener un merengue bien firme.

2 Bata las yemas aparte, con las 2 cucharadas de café instantáneo.

3 Incorpore este batido al merengue hecho anteriormente.

4 Unale la crema de leche batida espesa.

5 Forre un molde mediano tipo "budín inglés" con papel impermeable.

6 Moje vainillas en la infusión de café (fría) y tapice con ellas el fondo del molde forrado con papel.

7 Cubra las vainillas con una capa de la crema de café.

8 Espolvoree con parte del chocolate rallado y parte de las nueces.

9 Siga rellenando el molde con capas de vainillas mojadas en el café azucarado, otra de crema, nueces trituradas y chocolate rallado, hasta terminar con una capa de vainillas.

10 Coloque el molde en el freezer hasta que la preparación esté firme.

11 Desmolde el postre sobre la fuente donde lo piensa servir, retírele cuidadosamente el papel que tenga adherido, decórelo a gusto con crema chantillí y rulos de chocolate (o la decoración que prefiera) y sírvalo cortado en tajaditas.

Postre helado a tres tonos

INGREDIENTES

Crema de vainilla
- ❑ Yemas, 3
- ❑ Leche, 6 cdas.
- ❑ Azúcar, 3 cdas.
- ❑ Esencia de vainilla, a gusto
- ❑ Crema de leche, batida espesa, 6 cdas.

Crema de chocolate
- ❑ Chocolate rallado, 150 g
- ❑ Agua o infusión de café, 6 cdas.
- ❑ Crema de vainilla, cantidad indicada más arriba

Crema de frutillas
- ❑ Frutillas, limpias y cortadas en trocitos, 1/4 kg
- ❑ Azúcar, 3/4 de taza
- ❑ Crema de leche, 200 g

PREPARACIÓN

Crema de vainilla

1 Ponga las yemas, la leche y el azúcar en una cacerolita. Revuelva continuamente sobre el fuego hasta que espese, pero sin que llegue a hervir. (Si hierve, se corta.)

2 Retire, cuele y perfume con la esencia. Enfríe.

3 Mézclele la crema de leche batida espesa, vierta en un molde y congele. Reserve.

Crema de chocolate

1 Ponga el chocolate rallado y el agua (o café) en una cacerolita y revuelva sobre el fuego para que se derrita. Retire.

2 Prepare la "crema de vainilla" como indicamos anteriormente y, antes de agregarle la crema de leche, incorpórele el chocolate disuelto. Enfríe.

3 Ahora, sí: agréguele la crema y congele. Reserve.

Crema de frutillas

1 Licue las frutillas junto con la crema y el azúcar, hasta obtener una crema rosada (¡ojo!: que no se le corte).

2 Vierta en un molde y congele. Reserve.

Armado del postre

1 Elija un molde de "media caña".

2 Desmolde el helado de chocolate, aplástelo o lícuelo hasta hacerlo puré y

Varios

❏ Crema chantillí y chocolate rallado, para decorar

con él forre el molde con un espesor parejo. Congele hasta que esté bien firme.

3 Desmolde el helado de vainilla, hágalo puré y extiéndalo sin presionar demasiado sobre el helado de chocolate. Ponga en el freezer hasta que esté bien firme.

4 Desmolde el helado de frutillas, hágalo puré y termine de rellenar el molde.

5 Ponga el molde en el freezer hasta el momento de servir.

6 Desmolde el postre directamente en la fuente donde lo piensa servir y, en el momento, adórnelo con crema chantillí y chocolate rallado.

Cassata siciliana

Cada vez que voy a comer afuera (¿por qué no?) no puedo resistirme a la tentación de pedir un postre. Las opciones no son muchas que digamos... (salvo, claro está, en los restaurantes de diez tenedores). Lo importante es encontrar algo que me guste. Cuando estuve en Roma, por ejemplo, me volví adicta al "tiramisú" y a la "cassata". El primero se convirtió rápidamente en "moda". El segundo pasó a un tercer plano. Pero quiero explicárselo porque no por antiguo y popular es menos rico. Y además porque... ¡es facilísimo de hacer! ¿Probamos suerte? *Se es ser percibido* (Berkeley).

INGREDIENTES

❑ Helado de vainilla (comprado, o casero y no muy duro...), 1/2 kg
❑ Helado de chocolate, 400 g
❑ Clara, 1
❑ Azúcar, 3 cdas.
❑ Cáscaras de naranjas abrillantadas y picaditas, 2
❑ Cerezas al marrasquino, picaditas, 2 cdas.
❑ Apricot (o el licor que tenga), un cabezazo (de la botella, claro está...)
❑ Crema de leche, 300 g
❑ Azúcar impalpable tamizada, 5 cdas. al ras

PREPARACIÓN

1 Elija un molde con forma de media esfera (yo usé un molde de "media pelota" de 22 cm de diámetro que una vez utilicé para hacer la torta del primer cumpleañitos de Diego. Una número 5, se entiende...). Enmantéquelo.

2 Ingéniese para forrarlo con el "papel film adherente" que ahora se usa tanto en la cocina y que yo llamo plío film (¡no sé por qué!). No enloquezca si se le forman "ampollas de aire". Simplemente: ¡pínchelas con una tijera o brochette, así se desinflan!

3 Coloque el helado de vainilla en el molde así forrado y, con una cuchara mojada cada vez en agua fría, vaya aplastándolo y forrando el molde con un espesor parejo, como si forrara una tarta con masa.

4 Ponga el molde así forrado en el freezer, a frío máximo, hasta que el helado esté bien duro.

5 Retire el molde del freezer y ahora vierta en él el helado de chocolate. Extiéndalo en forma pareja sobre el helado de crema, siempre mojando con agua la cuchara, hasta formar otra capa de helado del mismo grosor que la anterior. ¡Por supuesto que deberá quedar un hueco en el centro! Ya mismo le enseño cómo rellenarlo...

6 Ponga la clara y el azúcar en un bol y bátalo al bañomaría hasta obtener un merengue (merengue suizo) firme, pero no azucarado.

7 Simultáneamente, ponga a remojar las cáscaras picaditas y las cerezas en el Apricot (u otro licor).

8 Mezcle el merengue con la crema de leche previamente batida con el azúcar impalpable. Agréguele las frutas remojadas "con todo su juguito" (¡hic!).

9 Rellene con esta mezcla el centro de la "cassata" alise la mezcla y coloque el molde nuevamente en el freezer hasta que esté bien firme.

10 Pase la base del molde rápidamente por agua caliente, desmolde la "cassata" directamente sobre la fuente donde la piensa servir y despéguele cuidadosamente el plío film. ¡Por supuesto que las frutas del relleno central podrá variarlas a gusto, e incluso agregarles —si le gustan— almendras tostadas o nueces o pistachos...! Y, del mismo modo, variar el gusto de los helados. Recuerde que yo siempre sugiero, ¡pero jamás impongo! *La persona más importante a quien uno debe escuchar es a uno mismo; y nuestra tarea más importante es hacer caso de lo que nos decimos.* (¡Ni que esto lo hubiera pensado una cocinera librepensadora!)

*P*ostre de ananás y nueces

INGREDIENTES

- ❏ Ananás al natural, escurrido y picadito, 1 lata
- ❏ Manteca, 150 g
- ❏ Azúcar impalpable, 1 taza
- ❏ Yemas, 2
- ❏ Claras a nieve, 2
- ❏ Crema de leche, 200 g
- ❏ Nueces picadas, 100 g
- ❏ Bizcochuelo o vainillas deshechas, 4 tazas

PREPARACIÓN

1 Antes de picar el ananás, separe un anillo y aparte también unas mitades de nueces para adornar luego el postre.

2 Forre un molde de 22 cm de diámetro con papel impermeable.

3 Bata la manteca hasta obtener una crema.

4 Agréguele de a poco el azúcar impalpable tamizado, mientras sigue batiendo.

5 Incorpórele las yemas batidas y las claras a nieve.

6 Mézclele la crema de leche batida espesa, las nueces picadas y el ananás. Una suavemente.

7 Ponga en el molde elegido una capa de migas de vainillas o bizcochuelo.

8 Sobre éstas disponga la tercera parte del relleno de ananás y nueces.

9 Tape con otra capa de migas.

10 Cubra con otra tercera parte del relleno.

11 Tape con migas.

12 Cubra con el resto de crema, espolvoree con migas y estacione en la heladera hasta el día siguiente.

13 Desmolde y retire el papel.

14 Decore la superficie con el ananás y las mitades de nueces que reservó.

Tulipas de frutillas o frambuesas

Tulipas
- Claras, 4
- Harina, 150 g
- Azúcar, 200 g
- Manteca derretida y fría, 75 g
- Crema de leche, 2 cdas.

Helado de crema americana
- Leche, 2 tazas
- Fécula de maíz, 1 cda.
- Azúcar, 3/4 de taza
- Clara batida a nieve, 1
- Crema de leche, batida espesa, 200 g
- Esencia de vainilla, 1 cdita.

Frutillas en almíbar (o frambuesas)
- Frutillas, 1/2 kg
- Azúcar, 1 taza

PREPARACIÓN

Tulipas

1 Bata las claras ligeramente, apenas para mezclarlas.

2 Unales la harina, el azúcar, la manteca derretida y, ahora sí: bata hasta obtener una crema lisa.

3 Incorpórele la crema de leche.

4 Enmanteque y enharine una placa para horno y vierta en ella, bien espaciadas entre sí, dos cucharadas de la pasta. Luego, con una espátula extiéndalas en forma circular dejándolas de un espesor finito como papel.

5 Cocínelas en horno bien caliente hasta que los bordes comiencen a dorarse. Mientras tanto…

6 Coloque sobre la mesa dos vasos invertidos (boca abajo).

7 Una vez a punto, retire la placa del horno, levante uno de los discos con una espátula (resultarán finitos como las lengüitas de gato) y rápidamente inviértalo sobre la base de uno de los vasos. Presione ligeramente el disco con una agarradera, "abrazando" el vaso para que el borde se pliegue ligeramente como una tulipa. Haga esta operación suavemente para no quebrar la masa, que es muy frágil. Haga con la misma técnica la otra tulipa. Si la masa se hubiera endurecido, coloque la placa unos segundos nuevamente en el horno para "ablandarla".

❏ Jugo de limón,
1 cda.
❏ Agua, 1/2 taza

Varios
❏ Almendras
peladas y
fileteadas, 2 cdas.
(optativo)

8 Siga haciendo más
tulipas del mismo modo.
A medida que las retira
del vaso (con mucha
suavidad, ¡¡¡please!!!),
guárdelas en una lata
bien cerrada hasta el
momento de utilizarlas.

Helado de crema americana

1 Ponga en una
cacerolita la leche fría, la
fécula de maíz y el
azúcar. Mezcle con
batidor de alambre para
dispersar la fécula.

2 Revuelva
continuamente sobre el
fuego hasta que hierva
y espese.

3 Vuelque así en caliente
y de a poquito sobre la
clara batida a nieve,
mientras
simultáneamente mezcla
con cuchara de madera.

4 Agréguele la crema
de leche batida espesa
y perfume con la
esencia de vainilla.

5 Vierta en un molde y
ponga a congelar en el
freezer.

Frutillas en almíbar

1 Lave muy bien las
frutillas, quíteles los
cabitos y déjelas enteras.

2 Ponga en una
cacerola el azúcar, el
agua y el jugo de
limón.

3 Haga hervir sobre
fuego fuerte, revolviendo
ocasionalmente con
cuchara de madera,
hasta que el azúcar se
disuelva.

4 Cuando el almíbar
tome punto de hilo
fuerte (10 minutos
aproximadamente),
agregue en la cacerola
las frutillas enteras,
baje el fuego y deje
hervir despacito hasta
que las frutillas estén
brillantes pero no
demasiado blandas.

5 Escurra las frutillas en
un bol y deje hervir solo
el almíbar hasta que
tome punto de hilo fuerte
nuevamente.

6 Vuelva a poner la
frutillas (con todo el
juguito que hayan
soltado) en la cacerola, y

deje hervir despacito
hasta que se vean
bien brillantes
(pero no
deshechas).

7 Vuelque todo
en un bol,
entibie y enfríe
en la
heladera.

Modo de servir

1 Coloque en cada
plato una tulipa;
dentro de la tulipa,
una bocha de helado
de crema americana.

2 Vierta sobre
cada bocha una
buena cucharada
de frutillas en
almíbar.

3 Salpique con las
almendras
fileteadas y sirva
enseguida.

*T*iramisu

INGREDIENTES

❏ Vainillas,
2 docenas
(si sobran…
ya les dará usted
buen destino)
❏ Yemas, 3
❏ Claras, 3
❏ Azúcar, 100 g
y cantidad extra
❏ Vino tipo
Marsala
(u oporto),
100 cc
(o más, a gusto)

PREPARACIÓN

1 Serrúcheles los
extremos a las vainillas
para poder luego armar
mejor el postre.

2 Bata las yemas
hasta que espesen y
tomen color clarito.

3 Agrégueles de a poco
los 100 gramos de azúcar,
mientras continúa
batiendo hasta
incorporarlo todo y lograr
una crema espumosa.

4 Vuelque el batido en
un bol más grande y
mézclele el vino
elegido y el queso
crema. Bátalo bien
hasta obtener una
mezcla homogénea.
Pruébelo y agréguele
más vino de acuerdo
con su gusto (o más
azúcar…).

5 Perfume la crema
con la esencia de
vainilla.

❏ Queso Mascarpone (o el queso crema más cremoso y menos ácido que encuentre en plaza), 600 g
❏ Esencia de vainilla, 1 cdita.
❏ Infusión de café, bien fuerte, 150 cc
❏ Coñac (o licor Tía María), 1/2 vaso (70 cc)
❏ Claras batidas a punto de nieve,
❏ Cacao en polvo dulce o chocolate en rama, para espolvorear

6 En una fuentecita, mezcle el café con el coñac (o licor).

7 Bata las claras a punto de nieve y añádalas a la crema de queso mezclando suavemente.

8 Déle una zambullida rápida a cada vainilla (de a una por vez) en la mezcla de café y coñac y tapice con ellas el fondo de una fuente "presentable" y profunda de forma rectangular.

9 Cubra esta primera capa de vainillas con un tercio de la crema de queso. Alise bien con una espátula.

10 Tape la crema con otra capa de vainillas borrachitas y recortadas a la medida que convenga, pero disponiéndolas en sentido inverso a las anteriores.

11 Cúbralas con otro tercio de crema extendida en forma pareja.

12 Repita la operación colocando las vainillas borrachitas siempre en sentido inverso a la vuelta anterior. Termine con una capa del resto de crema de queso.

13 Coloque la fuente en la heladera y estaciónela allí hasta el día siguiente.

14 En el momento de servir, salpique la superficie con cacao dulce tamizado o chocolate en rama triturado.

15 Sirva de la misma fuente, cortando en cuadrados.

*P*OSTRES CALIENTES

*F*ondue de chocolate

▪ INGREDIENTES

❑ Chocolate cortado en trocitos, 200 g
❑ Leche, 1/4 de taza
❑ Crema de leche, 200 g

Varios
❑ Cuadraditos de bizcochuelo o torta ángel, amarettis chiquitos, gajitos de mandarina, cubitos de manzana y rodajitas de banana frotadas con jugo de limón, frutillas, cerezas, merenguitos miniatura, ciruelas pasas rellenas con nueces y almendras, bolitas de mazapán… ¡y todo lo que se le ocurra que sea susceptible de bañarse en chocolate!

*P*REPARACIÓN

1 Ponga el chocolate y la leche en una cacerola y disúelvalo sobre fuego suave, revolviendo continuamente.

2 Cuando el chocolate esté fundido, agréguele la crema de leche y siga revolviendo a fuego suave hasta obtener una crema lisa.

3 Pase la crema a la "caquelón" y apóyela sobre un calentador, a fuego mínimo, para llevar así a la mesa.

4 Distribuya alrededor de la caquelón los pinches correspondientes y platitos o fuentecitas que contengan todos los elementos que desee que le sugiero en "varios" para que los invitados pinchen y sumerjan en la salsa.

5 Mientras se disfruta de esta fondue, conviene revolver de vez en cuando la crema de chocolate para que no se pegue en el fondo; y si el calentador no es graduable, apáguelo de a ratos para evitar que una temperatura excesiva queme la mezcla.

Soufflé de chocolate

Si usted sabe hacer "soufflé de queso" sabrá también que este postre es para servir a horario. Una vez a punto, el soufflé corre el riesgo de hundirse irremediablemente si usted no lo sirve enseguida. Pero sabiendo que de postre hay "soufflé de chocolate"... ¿qué inconsciente se levantará de la mesa? Le daré la receta para hacer el soufflé en un molde único, pero si no quiere desmerecer la presentación al servirlo, cocínelo en cazuelitas individuales.

INGREDIENTES

❑ Manteca, 2 cdas.
❑ Harina, 1 cda.
❑ Leche, 1 taza
❑ Chocolate, 1 tableta de 150 g
❑ Azúcar, 1/3 de taza
❑ Yemas, 3
❑ Esencia de vainilla, 1 cdita.
❑ Claras batidas a nieve, 3

PREPARACIÓN

1 Derrita la manteca y mézclele la harina, como si fuera a hacer salsa blanca.

2 Agréguele la leche como si hiciera salsa blanca... pero haga salsa negra, agregándole el chocolate cortado en trocitos y el azúcar.

3 Revuelva constantemente hasta que el chocolate se derrita.

4 Vierta de a poco sobre las yemas batidas.

5 Vuelva a revolver continuamente sobre fuego suave hasta que la preparación espese más.

6 Retire y revuelva hasta que la crema se enfríe.

7 Perfume con la esencia.

8 Cuarenta y cinco minutos antes de que le pidan el postre... agréguele a la crema las claras batidas a nieve, vierta en un bol para horno de tamaño apropiado y cocínelo en el horno caliente hasta que crezca y esté firme.

9 Sirva enseguida.

NOTA
Si lo cocina en moldecitos individuales, reduzca el tiempo de cocción.

Crêpes Suzettes

Las "crêpes" son los panqueques delgados de la cocina francesa. Pero si los dobla en cuatro y los empapa con una salsa a base de azúcar, manteca, jugo de mandarinas y Curaçao, póngales nombre: Suzette...
En los restaurantes de veinticinco tenedores (¿importa el número tratándose de ficción?) el maître los prepara y "flamea" ("flamear" y no "flambear", ¿eh?), vale decir los hace arder ante los comensales, usando para ello una elegante vajilla de metal adecuada para tal fin ("chaffing-dish"). En casa podemos hacer lo mismo, pero en la cocina, detrás del biombo o de la cortina de cretona, usando una fuente resistente al fuego, apoyada sobre cualquier quemador, a fuego suave. El efecto igual será deslumbrante, pues los llevaremos a la mesa con toda su salsita y ardiendo en llamas.

INGREDIENTES

Crêpes
(Masa especial, más durita que la de los panqueques comunes)
❑ Azúcar, 2 y 1/2 cdas.
❑ Harina, 4 cdas.
❑ Huevos, 2
❑ Sal, un poquitito así
❑ Esencia de vainilla, 1/2 cdita.
❑ Leche, 1/2 taza
❑ Manteca, para cocinarlos

Salsa
❑ Manteca, 125 g
❑ Azúcar, 1/2 taza

PREPARACIÓN

Crêpes

1 Licue todos los ingredientes y haga los panqueques finitos, como de costumbre, enmantecando cada vez la sartén, bien caliente.

Salsa y terminación

1 Derrita en la "chaffing-dish" (¡o la fuente de metal que pueda conseguir!) los 125 gramos de manteca. (Si usa fuente común, apóyela sobre un calentadorcito.)

2 Agréguele el azúcar, la ralladura y el jugo de limón, la ralladura y el jugo de mandarinas y el jugo de naranja.

3 Revuelva con cuchara de madera hasta que el azúcar se disuelva y todo se convierta en una especie de salsita deliciosa.

4 Hunda en ella los panqueques, de a uno por vez, y a la vista de los comensales empápelos en la salsa caliente, dóblelos en cuatro, en forma de

❑ Ralladura y jugo de 1 limón (sin semillas…)
❑ Ralladura jugo de 2 mandarinas grandes (sin semillas…)
❑ Jugo de 1 naranja (¡ufa!, sin semillas…)
❑ Grand Marnier (u otro licor bueno con gustito a naranja: Triple Sec, Cointreau, etc.), 1 vaso (125 cc)

pañuelitos y vaya haciéndolos a un lado.

5 Una vez doblados todos los panqueques (la salsita seguirá hirviendo), vierta sobre ellos el Grand Marnier (u otro licor) y préndales fuego, mientras pone cara de maître francés recién desembarcado.

6 Cuando se canse de salsearlos… convide. Si mientras los salsea la salsa se consume demasiado, eche sin miedo más jugo, más azúcar y mucho más Grand Marnier.

Otra salsa igualmente deliciosa

Prepárela igual, utilizando 100 g de manteca, 100 g de azúcar impalpable tamizado, 3 cdas. de jugo de mandarinas, la corteza amarillita de un limón cortado en finísima juliana y previamente hervida en agua hasta que esté tierna, la corteza de una naranja (parte anaranjada solamente y preparada del mismo modo), 60 g de marrasquino, 60 g de curaçao y 60 g de kirsch.

NOTA

Otra vez se lo digo: recuerde que si la salsa se niega a arder cuando le arrima el fósforo, este truco es válido: introduzca en la fuente, clandestinamente, un terroncito de azúcar empapado en alcohol fino.
Otro sí: Hay quien dice que la salsa de Crêpes Suzettes no se hace con mandarinas. Perdónenme mis críticos… Yo soy fiel al inventor de este plato, mi chef de cabecera, ¡el inimitable Auguste Escoffier!

Soufflé Grand Marnier

Hace tiempo que quiero contarle el último postre caliente que dejó a todos "borrachitos" de alegría. Dentro del mejor molde profundo que tenga (que pueda presentarse en la mesa sin complejos de inferioridad), bien enmantecado, prepare esta receta tal cual se la voy contando, y deje que sean sus invitados los que exclamen: "¡Oh, la, la...!".

INGREDIENTES

❑ Vainillas, cortadas en trocitos y bien remojadas en Grand Marnier, 1 paquete de 12
❑ Leche, 2 y 1/2 tazas
❑ Azúcar, 6 cdas. Ralladura de 1/2 limón
❑ Ralladura de 1/2 naranja
❑ Manteca derretida, 1 cda.
❑ Harina, 1 cda.
❑ Yemas, 3
❑ Claras batidas a nieve, 3
❑ Azúcar impalpable, para espolvorear la superficie

PREPARACIÓN

1 Coloque en el fondo de un molde profundo y bien enmantecado (de 22 cm de diámetro) las vainillas remojadas en el Grand Marnier.

2 Aparte, haga hervir la leche junto con el azúcar y las ralladuras de limón y naranja.

3 En una cacerolita derrita la manteca y únale la harina. Revuelva hasta formar una pastita (como cuando hace salsa blanca).

4 Agréguele la leche y siga revolviendo con batidor de alambre hasta que la mezcla rompa el hervor.

5 Vierta de a poco sobre las yemas previamente batidas.

6 Vuelva a poner todo en la cacerola y siga revolviendo sobre el fuego, con el batidor de alambre, hasta que todo hierva y espese bien.

7 Retire del fuego y vierta de a poco sobre las claras batidas a nieve, mientras mezcla suavemente, con movimientos envolventes.

8 Vierta esta espuma sobre las vainillas que están en el molde.

9 Coloque el molde en horno caliente y déjelo cocinar alrededor de 45 minutos, el tiempo necesario para que crezca, se dore y la preparación esté bien firme.

10 Al retirarlo del horno, espolvoréelo con el azúcar impalpable tamizado.

Soufflé de café

INGREDIENTES

- Manteca, 3 cdas.
- Harina, 3 cdas.
- Café instantáneo, 2 cdas.
- Agua caliente, 1/2 taza
- Crema de leche, 1/3 de taza
- Azúcar, 1/2 taza
- Yemas, 4 (bien batidas)
- Claras batidas a nieve, 4
- Esencia de vainilla, 1 cdita.
- Crema de leche batida espesa y azucarada a gusto, para acompañar (optativo)

PREPARACIÓN

1 Derrita la manteca y mézclele la harina, hasta obtener una pasta.

2 Disuelva el café instantáneo en el agua caliente.

3 Agregue a la pasta de harina el tercio de taza de crema de leche y el café disuelto, mientras revuelve continuamente con batidor de alambre, hasta que hierva y espese.

4 Incorpórele el azúcar y revuelva hasta que éste se disuelva.

5 Vierta la preparación anterior de a poquito sobre las yemas batidas, mientras revuelve hasta incorporarla toda.

6 Coloque la preparación en la cacerola y revuelva continuamente sobre el fuego hasta que espese un poco más.

7 Retire, enfríe y perfume con la esencia.

8 Unale suavemente las claras batidas a nieve.

9 Vierta en un molde de tamaño adecuado, bien enmantecado.

10 Cocine en horno caliente hasta que el soufflé esté crecido y firme.

11 Sirva directamente de la fuente, ofreciendo aparte crema de leche batida espesa, azucarada a gusto.

Brochettes de frutas

INGREDIENTES

- ❏ Cerezas al Marrasquino, 12 (o uvas, o ciruelas de pasas descarozadas, higo abrillantado, ¡o dátiles!...)
- ❏ Bananas, frotadas con limón y cortadas en segmentos, 3
- ❏ Naranjas peladas, sin semillas y cortadas en trozos, 4
- ❏ Grand Marnier, cantidad necesaria
- ❏ Cherry Brandy, 1/2 taza
- ❏ Licor de mandarinas, 1/2 taza
- ❏ Azúcar, 4 cdas. colmadas
- ❏ Manteca, 1 cda.
- ❏ Nueces picadas grueso, lo que pueda

PREPARACIÓN

1 Arme las brochettes del siguiente modo: primero una cereza (u otra fruta que no sea amarilla), un trozo de banana, un trozo de naranja, otro de banana, otro de naranja, y así hasta terminar con una cereza.

2 Colóquelas en una asadera y rocíelas con Grand Marnier. Déjelas que se impregnen bien.

3 Ponga en una sartén grande el Cherry Brandy, el licor de mandarina y el azúcar.

4 Haga hervir hasta que tome punto de almíbar espesito. No se asuste si, al calentarse, los licores se encienden.

5 Cuando el almíbar esté espesito, baje el fuego y acueste en él las brochettes. Caliéntelas bien, dándolas vuelta una vez. (No use brochettes de madera pues el Grand Marnier, al calentarse, puede encenderse.)

6 Cuando las frutas estén bien glaseadas, escúrralas en una rejilla.

7 Agregue al almíbar de la sartén una cucharada de manteca y haga hervir hasta que tome punto un poquito más alto.

8 Distribuya las brochettes individualmente en platos. Salpique con las nueces.

9 Bañe cuidadosamente cada brochette con almíbar, ayudándose con una cucharita.

10 Sírvalas calientes o frías, acompañadas con crema batida (sin azúcar). También puede presentarlas sobre cremeritas de arroz con leche, o crema inglesa, o sabayón, o con una bocha de helado.

Panqueques de manzanas "flambée"

¿Un consejo? Prepare los panqueques de manzana con anticipación. Y justo en el momento de llevarlos a la mesa, páselos por caramelo e ¡incéndielos!

INGREDIENTES

(para dos panqueques individuales de 18 cm de diámetro aproximadamente)

Pasta
❏ Huevo, 1
❏ Sal, un poquitito así
❏ Leche, 1/2 taza
❏ Harina común, 1/2 taza
❏ Manteca, para cocinar los panqueques

Varios
❏ Manteca, 50 g
❏ Manzanas grandes, peladas y frotadas con limón, 2 (cortadas en tajadas finitas)
❏ Azúcar, cantidad necesaria

PREPARACIÓN

Pasta

1 Ponga en la procesadora el huevo, la sal, la leche fría y la harina. Procese hasta obtener una pasta lisita. Vuelque en un bol.

Panqueques

1 Coloque una cucharada de manteca en una sartén de 18 o 20 cm de diámetro y derrítala sobre el fuego.

2 Vierta en la sartén una cuarta parte de la pasta.

3 Retire la sartén del fuego y, antes de que la pasta de panqueques se seque, "péguele" tajaditas de manzana a fin de cubrir toda la superficie del panqueque.

4 Vuelva a poner la sartén sobre el fuego y muévala constantemente —como cuando hace tortilla, hasta que la superficie esté doradita y las tajaditas de manzana, bien pegadas.

5 Dé vuelta el panqueque con una tapa enmantecada (como cuando da vuelta una tortilla de papas...) y deslícela nuevamente en la sartén. Dórela unos momentos sobre el fuego, moviéndola constantemente para que se dore del otro lado.

6 Deslícela sobre un plato y con los ingredientes sobrantes prepare otro panqueque del mismo modo.

- Ron, whisky o coñac, una medida (30 cc)
- Terroncito de azúcar empapado en alcohol fino, 1
- Helado de crema americana (optativo)

Acaramelado

1 Coloque en una sartén media taza de azúcar y póngala sobre el quemador encendido al máximo. Mueva la sartén hasta que note que el azúcar comienza a fundirse en los bordes.

2 Deslice el panqueque de manzanas en la sartén y siga moviéndola sobre la llama hasta que el caramelo haga burbujas doraditas alrededor del panqueque, señal de que está acaramelado.

3 Enmanteque una tapa plana, esconda la panza... ¡y dé vuelta el panqueque como si fuera una tortilla! Pero antes de deslizarlo nuevamente en la sartén, eche en ésta otro poco de azúcar. Acaramélelo como indicamos antes. Una vez a punto, deslícelo sobre una fuentecita enmantecada. Si no la enmanteca... ¡no podrá despegar el panqueque ni con un martillo y un formón! Proceda igual con el otro panqueque.

Flameado

1 Asegúrese de que las fuentecitas donde puso los panqueques sean resistentes al calor.

2 Vierta el ron (o la bebida elegida) sobre el panqueque. Esconda en la fuente el terroncito de azúcar, proteja sus pestañas, enciéndalo con un fósforo y... ¡lleve el panqueque encendido a la mesa!

3 Ya en la mesa, puede distribuir sobre cada panqueque una bocha de helado de crema americana. ¡La locura!

Otra forma de incendiarlo

Cuando la bebida elegida es noble y de alta graduación alcohólica, la manera ortodoxa de incendiar un panqueque u otro postre es ésta:

1 Vierta la bebida elegida sobre el panqueque aún caliente.

2 Vierta otro poco en una cuchara y caliéntela sobre el fuego hasta que la bebida arda en llamas.

3 Vuelque la bebida en llamas sobre el postre, para propagar el incendio. ¡Bravo!

Variantes

Con esta misma fórmula puede hacer panqueques con otras frutas, igualmente acaramelados e incendiados: "panqueques de bananas"… "panqueques de peras"… "panqueques de cerezas"…

Manzanas vestidas

INGREDIENTES

❑ Discos de empanadas para horno, 1 paquete (o en su lugar, si usted es maniática de lo casero: discos de masa de hojaldre)
❑ Manzanas chiquitas, enteras, peladas y sin semillas, 12 (en su lugar: 6 manzanas de tamaño normal, cortadas por la mitad)
❑ Azúcar, cantidad necesaria
❑ Huevo batido, 1
❑ Mermelada reducida, para pintar

PREPARACIÓN

1 Separe los discos de masa y distribúyalos sobre la mesa. Estírelos con el palote para afinarlos.

2 Coloque una manzanita (o media manzana) en el centro de cada uno.

3 Espolvoree las manzanas con azúcar.

4 Imagine por un momento que los discos son cuadrados y levante los bordes tratando de envolver la manzana. Ingéniese para sellar los bordes firmemente. Cada pastelito parecerá una pirámide panzona.

5 Apoye los paquetitos sobre una placa enmantecada y enharinada.

6 Píntelos con huevo batido y cocínelos en horno caliente hasta que la masa esté crujiente y dorada.

7 Retírelos y pinte con mermelada reducida.

8 Sírvalos tibios, acompañados con chantillí.

Mermelada reducida

Ponga en una cacerolita 4 cucharadas de mermelada de damascos, 2 cucharadas de azúcar y 1/2 taza de agua. Haga hervir hasta que se forme un almíbar a punto de hilo flojo. Retire, tamice y use para pintar.

Cerezas jubilée

(Versión adaptada a la cocina familiar)

INGREDIENTES

Helado de crema americana (puede comprarlo hecho…)
- Leche, 2 tazas
- Fécula de maíz, 2 cdas.
- Manteca, 1 cda.
- Azúcar, 3/4 de taza
- Clara batida a nieve, 1
- Esencia de vainilla, para perfumar
- Crema de leche, 400 g

Cerezas
- Cerezas al Marrasquino, 1 frasco grande
- Cascarita de naranja, parte amarilla solamente, 1
- Grand Marnier, 1/2 vaso
- Whisky, 1/2 vaso
- Maizena, diluida en un poco de agua, 1 cdita.
- Ron, para "flamear"

PREPARACIÓN

Helado

1 Mezcle en una cacerola la leche, la fécula de maíz, la manteca y el azúcar.

2 Revuelva constantemente sobre el fuego hasta que espese.

3 Vierta la preparación sobre la clara batida a nieve, perfume con esencia de vainilla y agregue la crema de leche. Ponga a congelar.

4 Cuando el helado esté firme, vuélquelo en un bol y córtelo en trocitos y procéselo hasta convertirlo en puré. Vuelva a colocarlo en un molde tipo budín inglés y congele (así quedará cremoso).

5 Aparte, vierta en una cacerolita el frasco de cerezas al marrasquino. Caliéntelas.

6 Agrégueles una cascarita de naranja (parte amarilla solamente), el Grand Marnier y el whisky.

7 Cuando rompa el hervor, incorpórele una cucharadita de maicena diluida en un poco de agua. Hierva hasta que espese ligeramente.

8 Lleve a la mesa el helado y las cerezas puestas sobre un calentador.

9 En el momento de servir, rocíe las cerezas con un poco de ron y hágalas arder encendiéndolas con un fósforo. Sirva con cada porción de helado una buena cantidad de cerezas flambée.

Ananás sorpresa

INGREDIENTES

- Ananás grande y maduro, con el penacho superior, 1
- Frutillas, limpitas y sin el cabito, 1/4 kg
- Azúcar, 15 cdas.
- Grand Marnier o Cointreau o Triple sec, 1/3 de taza y 2 cdas.
- Yemas, 3
- Harina, 1 cda.
- Crema de leche, 3 cdas.
- Claras batidas a nieve, 3
- Azúcar impalpable tamizado, 1 cda.

PREPARACIÓN

1 Lave muy bien el ananás cepillándolo bajo la canilla. Séquelo.

2 Con un cuchillito filoso (y sin cortarse los deditos), divídalo por la mitad a lo largo, incluido el penacho.

3 Ahora, con un cuchillito chico y filoso más la ayuda de una cuchara, retire cuidadosamente la pulpa de ambas mitades (recoja el juguito porque luego lo utilizaremos).

4 Corte la pulpa del ananás en cubitos y colóquelos en un bol junto con el juguito que hayan soltado. Raspe también con una cuchara el ananás y agregue en el bol la pulpa que extraiga.

5 Unale las frutillas cortadas por la mitad a lo largo, 3 cucharadas de azúcar y el Grand

Marnier (o el licor que haya elegido).

6 Deje macerar las frutas una hora fuera de la heladera.

7 Mientras tanto, bata las yemas con 3 cucharadas de azúcar, la crema de leche y la cucharada de harina. Agrégueles el jugo que hayan soltado las frutas.

8 Mezcle y revuelva continuamente sobre el fuego hasta que hierva y se convierta en una crema suave. Reserve.

9 Agregue a las claras el azúcar restante y bátalas al bañomaría hasta que se forme un merengue que haga picos firmes (5 o 6 minutos en batidora eléctrica).

10 Rellene las mitades de ananás con la

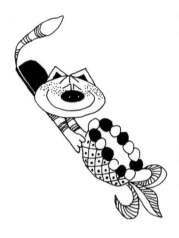

ensalada de ananás y
frutillas.

11 Cubra las frutas
con la crema
preparada en el paso 8.

12 Ponga el merengue
en una manga con
boquilla de picos y cubra
totalmente la crema con
copitos de merengue.

13 Apoye las mitades
de ananás así rellenas
y decoradas en una
asadera, espolvoree el
merengue con el
azúcar impalpable
tamizado, gratínelas
en horno caliente y,
apenas el merengue
esté doradito, páselas
a una fuente y llévelas
a la mesa. ¿Escucha
los aplausos?

Sabayón

INGREDIENTES

❑ Yemas, 6
❑ Azúcar, 6 cdas.
❑ Oporto, 6 cdas.
❑ Crema de leche
batida espesa,
1/2 taza (optativo)
❑ Trocitos de
vainilla, 6
❑ Nueces picadas
(optativo)

PREPARACIÓN

1 Bata las yemas con el
azúcar hasta que estén
cremosas.

2 Póngalas en un bol
resistente al calor y
agrégueles el oporto.
Mezcle.

3 Bata la mezcla al
bañomaría con la
batidora
eléctrica (así
hace más rápido)
tratando de que
el agua del
bañomaría no
hierva, hasta
que la
preparación

crezca y se transforme
en una espuma deliciosa,
de color clarito.

4 Retire y, si quiere,
mézclele la crema de
leche batida espesa.

5 Sirva caliente o fría,
en copas donde
habrá colocado un
trocito de vainilla
(para que absorba
el oporto que a
veces decanta un
poquito…).

6 Espolvoree con
nueces picadas (o no)
y… ¡a la mesa!

*P*rofiteroles al chocolate

INGREDIENTES

Masa bomba
- Agua, 1 taza
- Harina, 1 taza
- Manteca, 70 g
- Sal, un poquitito así
- Huevos, 4

Salsa de chocolate
- Chocolate cobertura, 150 g
- Crema de leche, 150 g
- Coñac, 1 cda.
- Helado de crema americana (ver receta de "Tulipas de frutillas", pág. 75)

PREPARACIÓN

Masa bomba

1 Ponga a hervir en una cacerolita el agua, la manteca y la sal. Revuelva hasta que la manteca se derrita.

2 Cuando el agua rompa el hervor, eche de golpe la harina mientras mezcla rápidamente con cuchara de madera, siempre sobre el fuego, hasta que todo se aglutine en un bollo pesado.

3 Siga revolviendo sobre el fuego hasta que la masa se seque un poco y se desprenda fácilmente de los costados y fondo de la cacerola. Retire y vuélquela en un bol.

4 Así, en caliente, agréguele un huevo y bata rápidamente. Al principio la masa parecerá cortada. Pero a medida que bata, volvera a unirse.

5 Incorpore del mismo modo, de a uno por vez, los huevos restantes.

6 Ponga la masa en una manga con boquilla lisa ancha y trace montoncitos chicos y espaciados entre sí sobre placas enmantecadas y enharinadas (tenga en cuenta que al cocinarse, las bombitas aumentan el triple. Y los "proliferoles" deben ser delicaditos...).

7 Cocine las bombitas en horno re-que-te-caliente hasta que se inflen bien. Baje luego el fuego a mínimo hasta que estén sequitas. Recién entonces retírelas y siga haciendo más bombitas.

Salsa de chocolate

1 Corte el chocolate cobertura en trocitos, agréguele la crema de leche y revuelva sobre fuego suave hasta derretirlo bien.

2 Retire del fuego y pefume con el coñac.

Presentación

1 En el momento de armar el postre, parta cada bombita por la mitad y rellénela con una porción de helado de crema americana, de modo que quede "con la boca un poco abierta"…

2 Apile 5 bombitas en cada plato y chorréelas con la salsa de chocolate bien caliente. Sirva… ¡volando!

Nota
El gusto del helado puede variarse a gusto.

INDICE

¡Hola, amiga!   7

Medidas y equivalencias   8

Secretitos y "ayuda-memoria"   9
Cómo alargar la altura
de un molde   9
Cómo pelar una naranja
"a vivo"   10
Cómo forrar con vainilla
un molde para charlotte   10
Canastitas de caramelo   11
Lengüitas de gato   12
Tejas   12
Tejas de almendras   13
Técnica para armar el postre
helado que se le antoje   13
Salsa de chocolate caliente   14
Salsa inglesa espumosa   14
Salsa de damascos   14
Coulis de chocolate   15
Coulis de menta   15
Coulis de naranja   15
Coulis de vainilla   15
Coulis de frutillas o frambuesas   16

Flanes y budines   17
Flan de naranjas   17
Flan de leche   18
Flan sin yemas   19
Flan de dulce de leche   19
Flan de manzanas   20
Postre del cincuentón   21
Budín de pan "con coronita"   22
Budín de pan… dulce   23

Budín antojo   24
Budín de chocolate   26
Budín a la reina   27
Tarantela   28

Cremas   29
Isla flotante "Pepita"   29
Pots aux Crême   30
Isla flotante "In"   31
Ambrosía   33
Crema quemada   34

Postres con frutas   35
Peras al chocolate   35
Peras esperanzadas   36
Manzanas rellenas   37
Ensalada de frutas
al Grand Marnier   38
Corona de frutillas
(o frambuesas o cerezas)   39
Niditos de merengue   40
Arroz con leche "Emperatriz"   42
Frutillas a la pimienta   44

Mousses, parfaits, charlottes,
bavaroises y otras crema heladas   45
Bavarois de chocolate   45
Charlotte mexicana   47
Espuma de café   48
Mousse de limón   48
Naranja espumosa   50
Mousse de chocolate   51
Charlotte russe   52
Charlotte de frutillas o
frambuesas   53

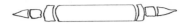

Parfait de naranja — 54
Parfait de café — 55
Espuma de limón — 56
Mousse a dos colores — 57

COPAS HELADAS — 59
Copa Emilia — 59
Copa chocolatada — 60
Copas de banana — 61
Copa de castañas — 62
Copas de caramelo — 63
Copa de limón — 64
Copa de mandarina — 65
Copa Waikiki — 66
Sherbet de limón al champán — 67

POSTRES HELADOS — 69
Postre helado de café
y huevos — 69
Postre helado a tres tonos — 70
Cassata siciliana — 72

Postre de ananás y nueces — 74
Tulipas de frutillas
o frambuesas — 75
Tiramisu — 77

POSTRES CALIENTES — 79
Fondue de chocolate — 79
Soufflé de chocolate — 80
Crêpes Suzettes — 81
Soufflé Grand Marnier — 83
Soufflé de café — 84
Brochettes de frutas — 85
Panqueques de manzanas
"flambée" — 86
Manzanas vestidas — 89
Cerezas jubilée
(versión adaptada a la cocina
familiar — 90
Ananás sorpresa — 91
Sabayón — 92
Profiteroles al chocolate — 93

Este libro se termino de imprimir
en INDUGRAF S.A. en el mes
de enero de 1999